절대 손해 보지 않는 말하기 수업

사소하지만 강력한
말의 기술

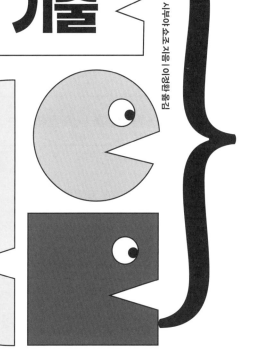

시부야 쇼조 지음 | 이정환 옮김

🌱 나무생각

차례

2장
회사의 손익을 좌우하는 현장의 대화들

3장
말맛을 살릴 줄 아는 사람들의 신의 한 수

제2부 말은 기술보다 마음의 문제다

4장
같은 말도 단번에 꽂히게 만드는 말버릇 매뉴얼

5장
속마음을 잘 들키는 사람을 위한 말버릇 매뉴얼

6장
감사와 사과가 어색한 사람을 위한 말버릇 매뉴얼

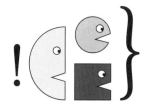

7장

배려가 오해를 부르는 사람을 위한 말버릇 매뉴얼

성과와 인격을 결정하는 말 한마디의 힘

누구나 '자신의 얼굴'이 어떻게 생겼는지는 알고 있다. 하루 한 번 정도 거울을 들여다보고 휴대전화나 앨범으로도 사진을 볼 수 있으니 일반적인 기준과 비교해 자신의 얼굴이 어느 정도인지 인식할 수 있을 것이다. 따라서 미인인지, 평범한지, 약간 못난 얼굴인지 객관적인 판단도 내릴 수 있다. 단, '자신의 얼굴'에는 개인적인 바람도 반영되기 때문에 오해하거나 착각하기도 한다.

'자신의 몸'도 마찬가지다. 키가 크거나 작다, 뚱뚱하거나 야위었다 등처럼 객관적 판단을 할 수 있다. 학생은 시험 성적으로 판단할 수 있고 건강 역시 병원에서 검사를 받으면 알 수 있다. 일반적 기준에 비춰봤을 때 자신의 유복함이 어느 정도인가 하는 것도 나름대로 판단할 수 있다.

누구나 어느 정도 이러한 것들을 신경 쓰면서 살아간다. 세상의 기준에 본인을 비춰보고 '자신의 진정한 모습'을 확인하고 싶어 하는 것도 그 때문이다. 하지만 눈에 보이지 않는 '자신의 화술'에 관해서는 대부분 크게 신경을 쓰지 않으며 세상의 일반적 기준과 비교해보려고 하지 않는 경우가 많다.

실제로 아나운서처럼 말과 관련된 일에 종사하는 사람 이외에는 화술을 배우는 경우가 거의 없다. 대부분의 사람이 지금껏 다양한 사람들과 대화를 해오면서 특별히 문제를 겪지 않았기 때문에 자신의 화술에 큰 문제가 없다고 생각한다.

과연 그럴까. 직장에서 흔히 볼 수 있는 일을 떠올려보자. 만약 어떤 문제가 발생했을 때, 그 책임 소재에 관해 관리자와 부하 직원이 대화를 나누는 상황이다.

"△△ 해오라고 말했잖아!"

"아닙니다. 저는 xx를 하라는 말씀만 들었고 △△에 관해 들은 적이 없습니다."

"무슨 말이야. 내가 분명히 △△ 하라고 말했는데."

"아닙니다. 그런 말씀은 하지 않으셨습니다."

이런 식으로 '그렇게 말했다', '그런 말은 듣지 못했다'면서 잘잘못을 따지는 때가 있다. 만약 관리자의 말이 옳다고 해도 부하 직원에게 지시 사항이 확실하게 전달되지 않았다면 관리자의 화술이 부족한 것이다. 그런데도 관리자는 자신의 화술에 문제가 있다고 생각하지 않고, 부하 직원의 경청 방법에 문제가 있다고 생각한다.

이러한 상황은 결코 특별한 경우가 아니다. 어느 누구도 자신의 화술에 문제가 있다고 생각하지 않는다. 그러나 객관적으로 보면 대부분 화술에 문제가 있다. 다만 자신이 그 사실을 깨닫지 못할 뿐이다.

왠지 모르게 호감을 얻지 못하는 사람, 일이 뜻대로 진행되지 않는 사람, 기회를 얻지 못하는 사람, 연애를 지속하지 못하는 사람 등으로 분류되는 기본적인 원인은 당연히 성격에 있겠지만 화술에 문제가 있는 경우도 많다.

평소 자신의 목소리를 의식하고 듣지 못하다가 녹음된 목소리를 듣고는 깜짝 놀란 적이 있을 것이다. 지금껏 자신이 갖고 있던 이미지와 너무 다른 억양과 말투 때문이다. 그처럼 자신이 생각하는 말투와 상대방에게 전달되는 말투 사이에는 커다란 격차가 있다. 따라서 자신의 화술이 어떠한지 객관적으로 판단해봐야 한다. 가급적 자신의 화술 때문에 상대방의 진심을 오해하는 결과는 피할 수 있어야 한다.

시부야 쇼조

제1부

말버릇은 나를 말해주는 거울이다

"한가로워 보이는 사람도
마음을 두드려보면 슬픈 울림이 있다."

_ 나쓰메 소세키, 《나는 고양이로소이다》 중에서

1장

사소한 말버릇 때문에
후회되는 순간들

근본적으로 사람에게 상처를 주는 말 한마디는 자신의 심리적 문제와 관련이 있는 경우가 많다. 말을 할 때는 최대한 부드럽게 하자는 생각도 중요하지만 그보다 사람을 부드럽게 대하는 사람이 되자고 마음을 먹고 실천하는 쪽이 남들에게 훨씬 더 인정을 받을 수 있으며 결과적으로 이익을 얻는다.

원망을 부르는 불필요한 말

친구든 직장 동료든 괜찮은 사람이라고 생각하고 있었는데, 어떤 계기로 그가 남을 헐뜯거나 듣기에 거북한 대화를 나누고 있는 모습을 보게 되면 그동안 품었던 좋은 이미지가 완전히 무너져버린다. 눈앞에 없는 누군가를 나쁘게 말하는 사람을 좋게 바라볼 사람은 없다. 그런 말이라면 차라리 듣지 않은 것이 나았을 거라 생각하기도 한다.

진심이나 본성을 모르는 쪽이 나은 경우는 관리자와 부하 직원의 관계에서도 마찬가지다. 부하 직원이 어떤 실수를 했을 때, 관리자가 얼굴을 붉히며 화를 낸다면 부하 직원은 기분이 좋을 리 없다.

> **"어떻게 이런 짓을 할 수 있어?**
> **자네 때문에 내 입장까지 난처해졌잖아!"**

이렇게 자신의 입장을 최우선하는 관리자의 심리는 충분히 이해할 수 있지만 그 마음이 그대로 드러나버리면 부하 직원의 마음은 당연히 멀어진다.

또는 좀처럼 실적을 올리지 못하는 부하 직원에게 기대하는 것 자체가 무리라는 식의 말을 한다면 부하 직원은 견디기 힘들 정도로 마음의 상처를 입을 것이다. 자신이 누군가의 기대를 받지 못하는 사람이라는 사실을 직접적으로 지적당했을 때의 낙담은 말로 표현하기 어려울 정도로 크다.

별 뜻 없이 내뱉은 진심, 악의 없는 농담, 자연스러운 농담이라고 해도 절반은 진심으로 들릴 수 있는 말이 있다. 말을 한 사람은 아무런 죄책감이 없어도 그 말을 들은 사람은 씻을 수 없는 깊은 상처를 입는다. 나중에 시간이 지나 사기를 올려주기 위해 한 말이라고 변명해도 부하 직원은 이미 귀와 마음을 닫아버린 상태이기 때문에 원망스러운 감정만 싹튼다.

윗사람일수록 자신이 무심코 던지는 말의 영향력이 크다는 사실을 자각하고 남들에게 해서는 안 되는 말이 입 밖으로 나오지 않도록 조심해야 한다.

유감스럽게도 상대방이 기뻐할 수 있는 진심은 무심코 나오는 경우가 별로 없다. 평범한 부부 관계에서 배우자에게 "늘 고마워!"라고 말할 때 그 말은 무심코 나오는 것이 아니라는 농담이 있다. 그 말에는 나름대로의 이유나 각오가 있을 거라는 식이다. 하지만 배우자가 무심코 "늘 고마워!"라는 말을 진심으로 꺼낼 수 있다면 모든 부부 관계가 원만할 것이다.

우리는 진심으로 가족에게 감사하고 있어도 그 말을 좀처럼 표현하지 못한다. 이심전심이라는 공통의 인식이 있기 때문이거나 그 말을 표현하면 "왠지 어색해.", "뭔가 다른 속셈이 있다고 생각할 거야.", "거짓말로 받아들일 걸." 등과 같이 생각하기 때문일 수 있다. 그러나 상대방을 기분 나쁘게 만드는 진심은 가능하면 조심하도록 하고, 사랑과 감사처럼 상대방을 기분 좋게 만드는 진심을 좀 더 자주 표현할 수 있도록 신경 써야 한다.

과거의 실수를 소환하는 쓸데없는 친절

즐거웠던 추억은 색깔이 바래지 않는다. 어느 정도 나이를 먹으면 학교 친구나 직장 동료들과 함께 보낸 나날들을 되돌아보는 것도 하나의 즐거움이다. 그런 즐거움은 상대가 누구인가에 따라 다르다. 만약 자신이 누군가에게 좋은 추억으로 남길 바란다면 '사람들에게 상처를 주지 않는 사람'으로 살아야 한다. 사람은 즐거웠던 추억도 기억하지만 실수나 굴욕적인 경험도 잊지 않기 때문이다.

성인이 되고서 친구를 다시 만나 초등학교 시절의 작은 실수담을 떠올리며 농담을 할 수는 있다. 하지만 10년 전에 발생한 자동차 사고에 대한 이야기를 끊임없이 끄집어내어 되풀이한다면 당사자는 참기 어려울 것이다. 회사에서 일을 처리하다 실수를 했을 때도 마찬가지다.

> **"자네는 3년 전에도 △△ 문제로 실수를 했잖아!"**

관리자로부터 이런 말을 듣는다면 부하 직원은 당연히 가슴이 아리기 마련이다. 현재 발생한 문제로 야단을 맞는다면 충분히 납득할 수 있다. 하지만 과거의 사소한 실수담까지 끄집어내어 되풀이한다면 참기 어렵다.

과거의 실수를 발판으로 삼아 새롭게 태어나기 위해 노력하고 있는 사람이라면 상대방의 과도한 지적에 의욕이 사라질 뿐만 아니라 깊은 상처까지 입는다.

또 상처를 받지 않으려는 심리가 괜한 반항심을 키워 인간관계가 불편해지는 경우도 있다. 심하게는 틈만 나면 과거의 실수를 곱씹는 사람이라는 식의 인식과 분노가 부하 직원의 마음속에 자리 잡는다.

누군가를 꾸짖거나 그에게 개선을 원한다면 눈앞의 문제에 대해서만 이야기해야 한다. 과거에 발생했던 문제에 관한 이야기는 되풀이하지 말아야 상대방에게 상처를 주지 않고 자신의 요구를 이해시킬 수 있다. "도대체 몇 번을 말해야 알아듣겠어!"라는 식의 표현은 상대방의 마음속에 상처만 남긴다는 점을 잊지 말자.

칭찬이 오히려 화를 부르는 순간

한 성악가는 클래식 공연이 끝난 뒤에 최근에 알게 된 한 지인으로부터 노래를 정말 잘한다는 칭찬을 듣고 크게 실망했다고 한다. 바로 '노래를 잘한다'는 표현 때문이다. 보통 사람은 잘한다고 하면 그 말을 칭찬이라고 생각하지만 전문가들이라면 똑같은 말이라도 받아들이는 데 차이가 있다.

성악가들은 대부분 프로이니까 자신이 노래를 잘하는 건 당연하다고 생각한다. 젊은 시절부터 대학이나 대학원까지 다니며 전문적인 발성이나 창법을 연마했으니 당연하다. 하지만 칭찬을 하는 보통 사람들은 텔레비전에서 활약 중인 아이돌 가수와 비교하는 경우가 많다. 심사위원들이 하듯 '발성의 기초가 갖추어져 있지 않다.', '음정이 안정되어 있지 않다.', '무슨 감정으로 노래를 부르는지 알 수 없다.'는 등의 평가 기준을 성악가들에게 들이대 칭찬하기 때문에 그것만으로도 자존심에 상처를 입는다. 그러한 차이도 모른 채 "노래 정말 잘하시네요!"라고 말한다면 칭찬이라고 생각했던 것이 큰 실례가 될 뿐이다.

한편, 공연이 끝난 뒤에 "음정이 정말 좋네요. 정말 감동했어요."라는 식으로 칭찬하는 사람이 있다. 미묘한 음정을 구분할 수 있는 청각을 가지고 있는 것도 아닌 평범한 사람이 성악가의 노래에 대해 '잘한다', '못한다'는 식으로 평가하는 것은 주제 넘는 행동이다.

반면 '감동을 했다.'는 말은 누구나 할 수 있다. 성악가가 관객으로부터 "당신의 노래가 제 마음을 울렸다."는 말을 듣는다면 그 이상의 칭찬은 없을 것이다. 마치 평론가라도 된 듯 평가하며 칭찬하는 것이 아니라 그의 노래를 들은 관객 중 한 명으로서 느낀 진심 어린 감상을 전달하는 편이 낫다.

일상생활에서 우리는 칭찬을 해야 하는 상황에 놓일

때가 많다. 예를 들어 지인이 어떤 발표회를 할 때 어떤 식으로 칭찬해야 할지를 생각한다. 자신의 전문 분야가 아닌 분야에 관해서 칭찬할 때에는 신중해야 한다. 이때 상대방을 평가하는 것이 아니라 모르는 부분은 솔직히 모른다고 표현하면서 감동을 받았다고 생각하는 부분만을 표현해야 한다. 자신이 잘 알지도 못하는 분야에 관해서 얕은 지식이나 이론을 내세워 칭찬하는 태도는 오히려 상대방의 기분을 상하게 만들 수 있다.

회사에서도 마찬가지다. 흔히 젊은 사원이 선배에게 "이번 협상이 잘되었나요? 역시, 선배는 일처리는 정말 잘한다니까."라고 했다 치자. 이 역시 잘못된 칭찬이다. 이 말을 들은 선배는 겉으로는 표현하지 않아도 아마 마음속으로 '뭐야, 건방지게 나를 평가하는 거야?'라고 생각할 것이다. 쉽게 말해 전문 지식을 갖추지 않은 사람이 전문가를 함부로 칭찬하는 태도는 큰 실례다.

오히려 힘 빠지게 만드는 힘내라는 말

"파이팅!"이라는 말은 교육 현장이나 방송 매체에서 자주 사용되고 있기 때문인지 일반적으로 사용 빈도가 매우 높다. 그만큼 편리한 말이다.

지인이 뭔가 하고 있을 때 "자, 그럼 파이팅!"이라고 말하면 자신이 그에게 신경을 쓰고 있다는 간접적인 메시지를 전달하는 것이다. 그리고 우리는 잔업을 하고 있는 동료에게도 "파이팅!", 운동선수에게도 "파이팅!", 시험을 앞둔 자녀에게도 "파이팅!"을 외친다.

하지만 늘 파이팅만 하다 보면 당연히 지친다. 어린 시절부터 공부에만 매진해온 사람은 사회생활에 적응하기도 전에 지쳐버리는 경우도 있다.

초등학교 시절부터 선수로 활동해온 투수가 고교 야구에서 절정을 맞이하고 프로 선수가 되자마자 제대로 던지지 못하는 예를 흔히 볼 수 있다. 쉴 틈 없이 움직이는 직장인도 과로 때문에 몸과 마음이 모두 지쳐 번아웃을 경험하거나 심한 경우에는 자살이라는 극단적 선택을 하기도 한다.

어떤 일을 하든 적극적으로 뛰어들기 위해 파이팅을 외치는 것은 중요하다. 하지만 쉴 때는 충분히 쉬어야 몸과 마음의 건강을 유지할 수 있다. 사회적으로도 우울증 환자가 증가하고 있는 시점에서 그들에게 절대로 해서는 안 되는 말이 바로 "파이팅!"이다. 그동안 자기 나름대로 최선을 다해 파이팅을 해왔고 그로 인해 우울증에 걸린 사람도 있을 것이다. 그런 사람에게 "파이팅!"을 외치는 것은 "좀 더 우울해져 봐!"라고 말하는 것과 같다.

다시 말해 "파이팅!"은 열정적으로 최선을 다하라는 의미이지만 그와 동시에 상대방에게 압박감을 줄 뿐 구체적 방법을 제시하는 것이 아니기 때문에 결코 도움이 되는 조언이 될 수 없다.

부하 직원이나 동료, 가족이나 친구를 응원하려면 "이 부분에 신경을 쓰는 게 어때? 그렇게 하면 더 잘될 것 같은데."라는 식으로 도움이 될 만한 정보를 건네는 조언과 함께 희망을 제시하는 것이 옳다. 또 스스로 "파이팅!"을 하고 있는 사람에게는 "틀림없이 잘될 거야!", "기대할게." 라는 식으로 용기를 북돋을 수 있는 말들을 건네야 한다.

웃기지도 않은 개그로 우울하게 만드는 사람

일상생활 속에서 발견한 웃긴 장면을 개그 소재로 삼아 큰 활약을 하고 있는 히로시 씨. 특히 그는 평소 자신에 대한 불만을 독특한 스타일로 이야기하는 자학 개그에 재능이 있었다.

한번은 친구들과 함께 술잔을 기울이며 즐거운 시간을 보내고 있을 때의 사연을 개그로 풀어냈다. 한 친구가 "어? 언제 왔어?"라고 질문을 던지자 히로시 씨는 자신의 존재감이 친구들에게 전혀 인식되지 않고 있다는 것에 놀랐다고 한다.

"언제부터 있었냐고? 처음부터 있었다니까!"

당시에 친구들에게 내뱉은 말을 히로시 씨는 개그 소재로 사용했지만 이 말은 현실에서도 흔히 들을 수 있는 말이기도 하다. "응? 언제부터 있었던 거야?", "저 사람, 언제 왔어?"라는 식으로 아무렇지 않게 상대방의 자존심을 건드리는 말을 하는 사람을 쉽게 볼 수 있다.

누구나 사람들이 자신의 존재를 알아주기를 바란다. 한쪽 구석에 조용히 앉아 고독을 즐기는 것처럼 보이는 사람도 마음속으로는 누군가 자신의 가치를 알아봐주고 자신에게 관심을 가져주기를 바라고 있을지 모른다. 대부분 특별히 나서고 싶은 마음은 없더라도 존재감은 인정받고 싶어 하지 않을까.

조직의 중심적 위치에 있는 사람, 윗자리에 앉아 있는 사람은 그런 사람에게 특히 배려하는 말을 할 수 있어야 한다.

> "자네에게는 늘 많은 도움을 받고 있어."
>
> "나만 편한 일을 하는 같아서 미안해."

　자신이 보잘것없는 사람이라는 생각에 위축돼 있는 사람은 자신을 배려하는 윗사람의 말 한마디에 그에 대한 믿음도, 조직에 대한 충성도도 높아질 수밖에 없다.

　가정에서도 이와 비슷한 상황은 벌어진다. 늘 잔업 때문에 늦게 퇴근하는 배우자가 어느 날 일찍 퇴근했을 때 집에서 기다리는 가족이 시큰둥하게 반응한다면, 그는 자신이 무시당했다고 생각한다. 게다가 평소에 자신이 존재감 없다고 생각하는 사람일수록 더 심한 상처를 입는다. 아마 그 자신도 항상 빨리 일정한 시간에 퇴근하고 싶어도 자신에게 능력이 없어 매일 늦을 뿐이라고 스스로 자책하고 있을지 모른다.

강요보다 권유가 백배 낫다

아이에게 어떤 일을 시킬 때 어머니가 "~해야 한다!"라는 식으로 그것이 마치 의무인 것처럼 말하는 경우가 있다. 하지만 이런 말투는 아이에게 강박관념을 심어주는 것과 같다.

그 결과, 공부도 싫고 운동도 싫고 사람을 만나는 것도 싫어하고 의욕이 전혀 없는 아이로 성장하게 되는 경우가 있다. 모든 일에 "~해야 한다!"라는 식의 강요 섞인 말을 듣게 되면 아이는 위축되고 모든 대상에 흥미를 잃고 만다.

실제로 성인도 "~해야 한다!"는 식의 말을 들으면 기분이 그다지 좋지 않다. "~해야 하지 않겠습니까?"라는 말 역시 자신이 비난을 받는 것처럼 들려 초조하고 불쾌한 느낌이 들어 조금씩 의욕을 잃고 스트레스만 쌓인다.

> **"빨리 하지 않으면 안 돼."**
>
> **"뭐 하는 거야. 즉시 실행해야지."**

만약 자신도 마음을 급하게 먹고 있는 상황에서 이런 말을 들었다면 어떤 반응이 들지 생각해보라. 따라서 반드시 해야 할 일을 우물거리며 실행하지 않는 사람에게는 즐겁고 부드럽게 행동을 이끌어내는 말투로 접근하는 것이 훨씬 바람직하다.

> **"빨리 하는 게 편할 거야."**
>
> **"자, 우리 같이 해보자!"**

윗사람이 아랫사람에게 명령을 내리는 듯한 말투가 아니라 동일한 눈높이에서 권유하는 말이라고 느끼도록 해야 기분 좋게 수용할 수 있고 그 말을 듣는 사람이 의욕도 느낀다. 그리고 간단한 일을 즉시 처리하지 않고 뒤로 미루기만 하는 젊은 사원이 있다면 그 즉시 처리하라는 식으로 윽박지를 것이 아니라 "자, 우리 이 일 빨리 끝내고 맥주 한잔 하러 가자." 같은 말로 빨리 일을 처리하고 싶은 의욕을 불러일으킬 수 있도록 배려해보자.

애매한 말로 혼란스럽게 만드는 사람

상대방에게 상처를 주고 싶지 않다는 마음이 앞서 분명하게 거절하지 못하는 사람이 있다.

> "그게…, 첫 인상은 좋지만 좀 더 생각해볼게요."
> "가능성이 없는 건 아니지만 지금은 뭐라고 말하기 어려워요."

이런 말투를 가진 사람은 대개 그 자리에서 결론을 내

지 않고서 흐지부지하게 말끝을 흐린다. 그러나 이런 식의 배려가 오히려 상대방에게 상처를 주거나 난처한 상황을 만드는 경우도 있다. 예를 들어 A라는 사람이 B라는 사람에게 함께 식사를 하자고 제안한다고 가정해보자.

A: 배고프지 않아?

B: 응? 아, 응….

A: 그럼 밥 먹으러 가자. 뭐 먹을래?

B: 딱히…. 네가 먹고 싶은 것 먹자.

이러면 식사를 제안한 A라는 사람이 곤란해질 뿐이다. '사실은 배가 고프지 않은 것일까?', '사실은 약속이 있는데, 내 제안에 선뜻 거절하지 못하는 것은 아닐까?' 같은 고민들을 하게 만들기 때문이다.

아직 배가 고프지 않다면 분명하게 말하는 것이 좋다.

"아직, 배는 고프지 않은데. 조금 이따가 가는 게 어때?"

또 약속이 있다면 솔직하게 다른 선약이 있다고 말하는 것이 좋다. 서로 솔직하게 이야기하고 타협할 줄 알아야 한다. 그런 대화를 반복하는 과정이 발전해 바람직한 관계가 만들어지는 경우도 있기 때문이다. 애매한 대답은 아무리 시간이 흘러도 서로를 이해하지 못하는 애매한 관계에서 나아가지 못하게 만든다.

친구 사이에서도 친구가 "이번 금요일에 노래방 가자!"라고 말했을 때 사실은 가고 싶지 않으면서도 "그래. 갈 수 있으면 가자."라는 식으로 희망을 안겨주는 것은 바람직하지 못한 태도다.

이때 만약 그 친구가 자신의 대답을 곧이곧대로 받아들인다면 곤란한 일이 생길 수 있다. 다른 친구들에게도 제안해 다 함께 금요일 저녁을 보낼 계획이라도 세운다면 낭패다. 막상 당일에 취소라도 한다면, 친구 사이의 관계에도 적신호가 켜질 수 있다. 게다가 친구의 성의를 생각해 억지로 참석이라도 한다면 저녁 시간 내내 불편한 시간을 보내야 할지도 모른다.

처음부터 약속에 응하고 싶은 마음이 없으면 애매한 답변을 할 것이 아니라 분명하게 사정을 이야기하고 거절을 하는 것이 좋다. 만약 선약이 없다면 적당한 거짓말을 해서라도 분명하게 거절했어야 한다. 물론, 그럴 경우 상대방이 서운해할 수도 있지만 오히려 그쪽이 서로에게 상처를 주지 않는다.

개인차를 무시하는 단정적인 말

사람의 성격은 쉽게 바뀌는 것이 아니지만 능력이나 기술 등은 시시각각 변하고 의욕이나 향상심 같은 정신적 측면도 변한다. 어엿한 성인으로 성장한 자녀를 부모가 계속 어린아이 취급하는 이유는 이러한 변화를 이해하지 못하기 때문이다. 시골에 사는 부모가 도시에서 살고 있는 자식이 단 음식을 좋아한다는 생각에 초콜릿이나 캔디를 쌀과 함께 보내는 경우가 있다. 부모는 여전히 자식을 아이처럼 생각하지만, 이미 성인이 된 자식들은 입맛이 바뀌어 초콜릿을 먹지 않을 수도 있다. 그럴 경우 초콜릿을 어떻게 처리해야 좋을지 몰라 당황한다.

부모, 자식 간에도 동상이몽인 가정이 많은데, 사회생활에서는 그런 경우가 더욱 많다. 입사한 지 10년이 지난 한 사원이 신입 시절에 신세를 졌던 관리자 밑으로 배속됐다. 하지만 상사는 신입 사원 시절의 인상을 강하게 간직하고 있어 이미 서른 살이 넘은 사원을 못 미더워하며 이렇게 말했다.

> **"자네에게 이 일을 맡겨도 괜찮을지 모르겠는데."**

이미 어엿한 직장인으로 성장한 사원에게 실례가 되는 말을 한 것이다. 부모건 상사건 이미 어엿한 성인으로 성장한 사람에게 자신의 잣대를 들이대며 과거의 모습으로 평가하면 안 된다. 자신이 알고 있는 과거의 상대방은 이제 자신이 모르는 능력과 경험을 갖추고 있는 전혀 다른 사람이라고 생각해야 한다.

부모라면 "이제 어른이 되었는데 아직도 단 음식을 좋아하니?"라고 자녀에게 물어봐야 한다. 관리자라면 "신입 사원이었을 때 만났으니 벌써 10년이나 지났네. 그동안 얼마나 성장했는지 확인도 할 겸 이 일을 한 번 처리해봐. 기대할게."라는 식으로 말한다면 훨씬 바람직하다.

"○○지방 출신이니까 술을 좋아하겠지?", "△△지방 출신은 고집이 세니까 당신도 융통성이 별로 없지?"라는 식의 말투도 상대방에게 상처를 준다. 출신 지역에 따라 약간씩 성향의 차이는 있겠지만 그것은 어디까지나 잘못된 고정관념일 뿐이다.

"당신은 B형이기 때문에 독선적이에요. B형은 협동심이 부족해 상대하기 힘들다니까."라는 고정관념 역시 상대방에게 상처를 입힌다. 혈액형이 성격에 영향을 미친다는 설도 있지만 과학적으로 단정 지을 수 있을 만큼의 연구 결과가 나온 것은 아니다. "둘째 아들이니까 자유분방해서 좋겠다."라는 고정관념도 상대방에게 상처를 입힐 수 있다. 친하지 않은 사람에게는 함부로 단정 지어 말하면 안 된다.

만약 그런 식의 말을 꺼내야 하는 경우라면 칭찬과 관련된 고정관념을 이야기하는 쪽으로 바꾸도록 하자. "역시 △△지방 출신은 근성이 있어.", "B형은 긍정적이고 전향적이어서 좋아."라는 식이다. 고정관념을 입 밖으로 꺼내는 것 자체가 바람직하지 않지만, 상대방을 칭찬하는 수단으로 사용하거나 상대방이 가지고 있는 편견을 깨우쳐주는 쪽으로 역이용하는 것이 어른스러운 대화법이다.

마음의 벽을 만드는 말 한마디

상대방으로부터 어떤 부탁을 받을 경우, 전혀 개인적 경험이 없는 이야기를 들으면 즉시 이해하지 못할 때가 있다. 육아로 경력 단절이었던 한 여성이 십수 년 만에 단기 계약직으로 일을 하게 됐다. 그는 관리자로부터 컴퓨터로 문서를 입력하고 출력해 거래처에 전달하라는 지시를 받았다.

"이 워드 파일에는 이 서류의 숫자를 기입해 〇〇상사의 xx 씨에게 첨부해 보내주세요. xx 씨는 맥 프로그램을 사용하므로 윈도에서 작성한 파일을 읽지 못할 수도 있으니 텍스트 파일도 일단 첨부해주세요. 아, 메일에 첨부해도 됩니다."

평소 컴퓨터를 자주 사용하는 사람이라면 별일 아닌 지시일 테지만, 가끔씩 인터넷을 사용한 경험밖에 없는 사람이라면 한 번에 알아듣지 못하고 의문을 가질 수도 있다.

단기 계약직으로 일하게 된 여성 역시 관리자의 지시를 제대로 알아듣지 못했다.

"저, 워드 파일은 워드프로세서를 말씀하시는 것이지요? 메일에 첨부하라는 말씀은 어떤 것을 말씀하신 건지요?"

그러자 뜻밖에 이런 답변이 돌아왔다.

"아, 잘 모르시는군요. 뭐, 됐습니다. 제가 직접 하면 됩니다."

경력 단절을 메우기 위해 조금이라도 빨리 일을 배우려고 생각하고 있었던 여성은 관리자의 대답에 커다란 충격을 받았다.

물론, 간단한 컴퓨터 문서 작업을 하지 못하는 사람에게 일을 맡겼을 때 일이 더 늦어지는 경우가 있다. 그럴 바에는 작업에 능숙한 사람이 직접 하는 쪽이 빠르겠지만 그 자리에서 즉시 "뭐, 됐습니다."라는 식으로 말을 하면 상대방이 상처를 입는 것이 당연하다.

"아, 아직 문서 작업에는 서투르시군요. 공부 좀 하셔야겠는데요."

차라리 솔직하게 말해도 상관없다. 단, 일단 숫자를 입력하는 간단한 업무를 대신해줄 것을 부탁하고서 그 이후에 자신이 처리할 수 있는 부분을 넘겨받으면서 컴퓨터 문서 작업에 대한 노하우를 알려주는 것도 좋은 방법이다. 그럼 다음에는 관리자도 직원에게 부담 없이 일을 맡길 수 있고 직원도 알아서 처리할 수 있는 능력을 갖추게 된다. 무엇보다 중요한 것은 상대방을 무시하는 듯한 말투가 아니라 노력을 독려하는 말투를 사용해야 한다는 것이다. 반대로 사람에게 상처를 주어 원망을 사는 말투는 가장 최악의 선택이다.

좀 더 상대방을 이해하고 상대방이 의욕을 느낄 수 있는 말투를 사용한다면 가장 바람직하다.

"아, 컴퓨터는 많이 다루어보지 않으셨군요? 좋은 기회이니까 제가 좀 가르쳐드리겠습니다. 한 번만 해보시면 이해할 수 있을 겁니다. 기대하겠습니다."

직원이 마음에서 우러나 확실하게 배울 수 있도록 관리자가 친절하게 가르쳐주고 의욕을 이끌어낸다면, 업무 처리 측면에서도, 인간관계 측면에서도 좋은 결과를 낼 수 있다.

내 의견은 팔끔히 무시하는 말투

　미국의 사회심리학자 고든 올포트Gordon Allport는 "사람은 누구나 본인을 높이 평가하고 스스로를 소중하게 생각하는 마음을 가지고 있다."라고 말했다. 자신감이 없는 것처럼 보이는 사람도, 늘 얌전하고 겸손한 것처럼 보이는 사람도 사실은 스스로를 조금이라도 돋보일 수 있는 방법이 무엇인지 늘 고민한다.

　수줍음이 많은 사람이지만 눈에 띄고 싶어 하는 사람인 경우도 있다. 각본가 미타니 고키三谷幸喜 씨도 과거 텔레비전에서 자신을 그렇게 표현했다. 사람들 앞에 서면 얼굴이 붉어지거나 목소리가 잠기는 식으로 수줍음을 많이 타지만 사실은 스포트라이트를 받고 싶었다는 것이다. 이런 딜레마를 가지고 있는 사람은 의외로 많다.

반대로 이런 사람의 마음을 전혀 이해하지 못하고, 심지어 생각도 하지 못하는 사람이 있다. 특히 남들보다 결정을 잘 내리는 사람들이다. 그들은 자신들이 내뱉는 말이 수줍음을 많이 타는 사람에게 상처를 준다는 사실을 전혀 자각하지 못한다.

예를 들어, 단체 여행을 떠나 저녁 식사 자리에서 모두가 모여 장기자랑을 하게 됐을 때를 생각해보자. 상대방의 의견은 들을 마음도 없이 일방적으로 결정을 해버리는 경우다.

> "△△ 씨, 자네는 혼자 장기자랑을 하기는 부끄러울 테니 우리와 함께 과장님의 무대에서 코러스를 담당하면 될 거야. 자, 그렇게 정하자고!"

하지만 늘 조용한 사람이라도 평소 사내에서는 눈에

띄지 않았던 자신을 외부 활동에서는 드러내고 싶은 마음이 들지 말란 법이 없다. 또 마음에 드는 사람에게 자신의 매력을 보여주기 위해 멋진 개인기를 오랫동안 연습했을 수도 있지 않은가. 실제로 말이 없고 수줍음을 많이 타는 성격을 감안해 말없이 연기할 수 있는 마술을 밤을 새워 연습하는 사람도 있다.

결정을 잘 내리는 사람일수록 수줍음이 많은 사람을 상대할 때 자신이 베풀려고 하는 친절한 마음을 다시금 생각해볼 필요가 있다.

> "혹시 그 사람이 난처해할 수도 있으니 빨리 결정하길 잘한 거야."

하지만 수줍음이 많은 사람이지만 눈에 띄고 싶어 하는 사람도 있다는 점을 설명했듯이 남의 의사와 상관없이 내리는 결정은 누군가의 자존심에 상처를 주고도 자신은 좋은 일을 했다고 착각하게 만든다.

이런 실수를 피하려면 상대방이 무엇을 원하는지 편하게 말할 수 있도록 부드러운 말투로 질문을 던지는 것이 좋다.

"장기자랑 준비했어? 혼자 하는 것을 원해, 아니면 함께 하는 게 좋겠어? 확실하게 정해지면 말해줘. 만약 함께 하는 게 좋다면 우리가 같이 과장님의 코러스를 맡자고."

다시 말하지만 소심한 사람일수록 마음에 상처를 입기 쉽다. 이왕 배려를 할 생각이라면 쓸데없는 참견이나 간섭이 아닌, 상대방의 자존심에 상처를 주지 않는 배려를 우선해야 한다.

세상에서 혼자만 바쁜 척하는 사람

일을 처리하다 해결책이 보이지 않아 답답해하고 있을 때 한 동료가 H 씨에게 말을 걸었다.

> "왠지 바빠 보이네. 한숨도 돌릴 겸 차 한잔 하러 갈까?"

그러자 H 씨가 짜증 섞인 말투로 동료에게 다음과 같이 대답했다.

> "유능한 사람은 좋겠다. 나는 차 한잔 마실 여유조차
> 없어."

　아무리 초조하고 답답하다고 해도 기분 전환을 시켜주기 위해 신경을 쓰는 동료에게 이런 반응을 보이는 태도는 당연히 적절치 않다. 하지만 누구나 일을 처리하는 과정에서 갈피를 잡지 못하거나 집안의 문제를 겪고 있을 때 초조하고 답답한 마음이 들어 자기도 모르게 퉁명스러운 말을 내뱉는 경우가 있다.

　남들은 모르는 답답한 상황에 처할수록 자신을 제외한 주변 사람들은 특별한 혜택을 받은 것처럼 보이고 아무 걱정 없이 살아가는 것처럼 보여 자신의 과거나 현재 눈앞에 처한 환경을 원망하게 된다.

　그러나 냉정하게 생각해보면 아무리 자신의 상황이 답답할지라도 상대방의 호의를 무시하거나 상처를 주는 말을 내뱉는 것은 바람직하지 않다. 설사 공황 상태에 가까운 심각한 상황에 처해 있다고 해도 상대방의 배려를

무심결에 받아쳐서는 안 된다. 어떤 상황에서든 절대로 꺼내지 말아야 할 말들이 있다.

> "늘 여유가 있어서 좋겠다. 너는 고민 같은 건 없지?"
>
> "엘리트는 좋겠어. 이런 일도 간단히 처리할 수 있잖아?"
>
> "너는 좋아하는 일을 하니까 좋겠다. 부러워."
>
> "너는 노는 게 일인 것 같아. 좋겠어. 회사에서도 노는 것처럼 보일 정도이니까."
>
> "아무 생각 없이 몸만 움직이면 월급이 나오는 일을 하니 얼마나 좋을까. 부러워."

상대방의 상황이나 고민, 고통은 전혀 모르면서 자신의 가치관을 기준으로 함부로 말을 한다면 더불어 함께 살아가는 사회인으로서는 실격이다.

자신에게 말을 건넨 그 사람도 일을 할 때는 한가로워 보여도 집으로 돌아가면 가정 폭력 때문에 고통을 받고 있는지도 모른다. 또 부모님을 간병하느라 고통스러운 생활을 할 수도 있다. 늘 웃는 표정으로 밝게 행동하지만 사실은 나약한 자신을 감추기 위한 몸부림일 수도 있다. 그리고 엘리트에게는 엘리트밖에 모르는 압박감이 존재한다.

"한가로워 보이는 사람도 마음을 두드려보면 슬픈 울림이 있다."

나쓰메 소세키夏目漱石의 《나는 고양이로소이다》에 나오는 이 말은 겉만 보아서는 사람을 모른다는 뜻이다. 상대방의 겉모습만 보고 '편해 보인다'고 쉽게 말했다가 그 말 한마디가 상대방에게 씻을 수 없는 상처를 주는 경우는 너무나 많다.

눈을 보지 않고 말하는 사람

　상대방의 눈을 계속 바라보면서 말하는 사람이 있다. 예를 들어, 사람을 추궁하거나 비난하면서 "내 눈을 똑바로 보고 말해!"라는 식으로 말하는 유형이다. 눈을 약간 치켜뜨고 응석을 부리듯 남성의 눈을 뚫어지게 바라보고 말하는 여성, 웃는 표정으로 여성의 얼굴에서 눈을 떼지 않고 말하는 남성도 적지 않다.

　이런 사람들은 대체로 자신을 바라보고 호감을 가져 달라는 마음과 상대방을 계속 바라보고 싶은 마음 때문에 눈을 떼지 못하는 것이다.

　전자와 후자는 받아들이는 인상이 전혀 다르다. 하지

만 상대방에게 자신의 마음을 호소하는 부분이 있다는 점에서는 일맥상통하다. 상대방보다 의사소통의 욕구가 강하다는 점에서도 마찬가지다.

상대방과 시선을 맞추려 한다는 것은 마음을 맞추려는 의도에서 나오는 행위이며, 상대방을 노려보면서 자신을 보길 바라는 것은 자신의 기분이나 마음을 이해해 달라는 뜻이다.

보통 사랑을 하거나 화를 내는 감정이 높아졌을 때는 상대방의 마음을 읽기 쉽다. 마음속의 감정이 쉽게 몸짓으로 나타나기 때문이다. 이러한 핵심을 이해하고 다음의 두 가지 예를 생각해보자.

"과장님, 이 서류 좀 확인해주시겠습니까?"

부하 직원이 과장의 책상에 서류를 내려놓자 컴퓨터 모니터를 바라보고 있던 과장이 대답한다.

> **"알았어. 고생했어."**

이때, 자신이 과장의 입장이라면 순간적으로 눈을 돌려 부하 직원과 시선을 맞출까, 아니면 컴퓨터 화면을 바라본 채 대답을 할까. 어느 쪽을 선택하느냐에 따라 부하 직원이 받아들이는 느낌에는 커다란 차이가 발생한다. 과연 어느 쪽이 바람직할까.

당연히 눈을 보고 말하는 쪽이 상대방 입장에서도 기분이 좋다. 그런 행동을 하지 못한다는 것은 의사소통 능력이 떨어지거나 상대방에 대한 배려가 없기 때문이다.

부하 직원에게 일을 지시할 때에도 다른 곳을 바라보면서 무성의하게 책상 위에 서류를 내려놓는 태도는 상대방의 기분을 나쁘게 만든다. 부하 직원이 당연히 해야 할 일이라고 해도 상대방의 얼굴을 확실하게 바라보고 싱긋 미소를 지어 보이며 잘 부탁한다고 말하는 쪽이 훨씬 품격이 있다.

자신이 관리자의 위치라면 지시를 내릴 때 부하 직원

에게 상처를 주지 않고, 흔쾌히 자신의 지시대로 따를 수 있도록 품격 있는 태도를 보여줘야 한다. 그래야만 쓸데 없는 문제가 발생하지 않고 일도 순조롭게 진행된다.

한 입으로 두말하는 사람

　심리학 용어에 '더블 바인드double bind'라는 말이 있다. 직역을 하면 '이중 구속'인데, '두 가지 상반되는 언행을 한 번에 수용한다'는 의미다. 예를 들어, 아버지는 아들에게 남자답게 밖에 나가서 놀라고 말하고, 어머니는 공부하지 않으면 아버지처럼 된다고 말하는 상황이다. 부모의 상반된 말에 아들의 입장은 난처할 수밖에 없다.

　또 관리자가 회의에서는 확실하게 계획을 세운 뒤 영업을 하라고 말해놓고서 부하 직원이 제자리로 돌아와 계획을 짜고 있으면 빨리 거래처로 달려가지 않고 뭐 하고 있는 거냐고 말하는 경우다.

이처럼 도대체 어떻게 하라는 것인지 알 수 없는 말 한 마디는 듣는 사람을 혼란스럽게 만들고 상처 입힌다.

부부라면 먼저 두 사람의 의견을 통일시킨 뒤 자녀에게 일관성 있는 말을 해야 한다. 설사 양쪽의 의견이 각각 옳은 것이라고 해도 아이를 당황하게 만들거나 고통스럽게 만든다면 혼란만 가중할 뿐 아무런 도움이 되지 않는다. 부모가 계속 각자 모순된 말을 하면 아이는 정신적으로 상처를 입고 건전하게 성장하기 어렵다.

또 직장 내에서도 스스로 모순된 말을 하는 관리자들은 대부분 머리로 생각하는 이상과 눈앞에 존재하는 현실 사이에 커다란 차이가 있는 사람이다. 이런 이들은 이성적으로는 계획대로 일해야 한다고 생각하면서도 부하 직원이 자신의 뜻과는 다르게 열정적으로 일하는 모습을 보이지 않으면 감정적으로 납득하지 못한다. 이렇듯 이성과 감정이 일치되지 않은 관리자의 의미가 다른 발언 때문에 고통을 받는 직원이 많다.

또 부모든 상사든, 또는 교사든 아이들에게 무슨 일이 있을 때는 상담을 해야 한다거나 자신의 의견은 분명하게 밝혀야 한다고 말하는 경우가 있다. 하지만 막상 상담을 하거나 의견을 이야기하면 자신만의 감정을 내세워 아이가 스스로 생각하고 해결하도록 유도하는 식으로 차가운 반응을 보여 더 이상 대화를 진행할 수 없게 만드는 상황도 종종 있다. 물론, 누구나 스스로 생각하고 문제를 해결하는 쪽이 가장 바람직하다. 하지만 자신이 도움을 줄 수 있을 것처럼 굴면서 상대방의 의견이나 말에는 차갑게 반응하고 자신의 생각을 강요하는 듯한 태도를 보인다면 그야말로 이중 구속이다. 상담을 권유했다가 막상 상담을 하면 혼자서 해결해야 한다는 식의 상반되는 말을 한다면 자기모순을 상대방에게 떠맡길 뿐이며 결국 상대방을 힘들게 만든다.

근본적으로 사람에게 상처를 주는 말 한마디는 이처럼 자신의 심리적 문제와 관련이 있는 경우가 많다. 말을 할 때는 최대한 부드럽게 하자는 생각도 중요하지만 그보다 사람을 부드럽게 대하는 사람이 되자고 마음을 먹고 실천하는 쪽이 남들에게 훨씬 더 인정을 받을 수 있으며 결과적으로 이익을 얻는다. 다른 사람을 기쁘게 해주고 싶다거나 행복하게 해주고 싶다는 마음이 넘친다면 자연스럽게 사람을 끌어들이는 말 한마디를 사용해야 한다.

2장

회사의 손익을 좌우하는
현장의 대화들

불필요한 수다도 인간관계에서는 중요한 윤활유 역할을 한다. 그러나 업무 관계에서는 삼가야 한다. 공적인 중요한 이야기를 할 때는 용건만을 적절하게 전달해야 한다.

부하 직원은 교육 대상이 아니라 동료다

누구나 어느 정도 사회 경험이 쌓이면 자신의 결점을 자각한다. 사람들 앞에서 주눅이 들거나, 세밀한 계산에 서투르거나, 일을 신속하게 처리하지 못하거나 하는 등의 결점이 하나둘 드러나기 마련이다. 그래서 사회생활에 익숙해진 대부분의 사람들은 자신의 결점을 자신이 잘 알고 있다고 생각한다.

거래처를 상대로 하는 협상이나 영업이 뜻대로 진행되지 않으면 침울해지거나 어떻게 해야 할지 몰라 방책을 강구하거나 기분 전환을 하거나 우왕좌왕하면서 결점을 극복하기 위해 최선의 노력을 기울이기도 한다.

그런 고통스러운 국면에 놓였을 때에는 관리자의 한 마디에 의욕을 얻기도 하고 기력을 잃고 자신감을 상실하기도 한다.

"안 돼. 이런 기획안으로 뭘 하겠다는 거야. 자네 같은 사원이 있으니까 회사의 실적이 계속 떨어지는 거라고. 좀 진지하게 생각해봐."

이처럼 부하 직원의 마음을 전혀 배려할 줄 모르는 관리자도 있다. 마음에 들지 않는 기획안을 가지고 온 부하직원을 비판하고 지적하는 것은 어쩔 수 없는 일이라 해도 조직원으로서의 존재 자체를 부정하는 발언은 누구에게도 이득이 되지 않는다. 기껏해야 자신의 분노를 해소할 수 있을 뿐이다. 그리고 그마저도 긴 안목으로 보면 결국 스트레스만 쌓일 뿐이다.

관리자는 말투 하나로도 부하 직원의 의욕을 일깨울수 있다. 만약 정말 꾸짖어야 한다면 다음에는 더 나은 발전을 이끌어낼 수 있는 말 한마디를 할 줄 알아야 한다.

"이 기획안에서 어떤 부분이 잘못되었는지 알겠나? 문제점을 표시해뒀으니까 잘 읽어보고 진지하게 한 번 더 생각해봐. 그러면 좀 더 나은 기획안을 만들 수 있을 거야."

부하 직원의 존재 자체를 부정하는 것이 아니라 그가 제출한 기획안 안에서 바람직하지 않은 부분을 명확하게 지적하고 방향을 제시해줘야 한다. 이것이 관리자의 업무 중 하나인 지도의 업무다.

직장은 개개인을 교육하는 장소가 아니기 때문에 부하 직원을 평등하게 다루지 않아도 된다. 부하 직원이 제 능력을 발휘할 수 있을 때까지 끈기 있게 참고 지켜보는 교사 같은 태도를 취할 필요도 없다. 그렇다고 해서 부하 직원을 정신적으로 궁지에 몰아넣거나 인격을 부정함으로써 부하 직원의 능력 개발을 저해한다면 그것은 사원, 경영자, 주주 등의 관계자들에 대한 배신 행위인 셈이다.

"자네는 안 되겠어." 같은 인격을 부정하는 말투는 바람직하지 않다. 그 대신 "이 부분은 잘못된 것 같으니 다시 한번 생각해보도록 해."라는 식으로 지도하는 것이 관리자로서 갖춰야 할 올바른 태도다. 동시에 그것은 관리자 자신이 장래에 이득을 얻는 출발점이 된다.

후배는 무서운 존재라는 말이 있다. 현재 그 직원에게는 아직 능력이 없을지도 모르지만 착실하게 능력을 갖춰 회사에서 중책을 맡게 되었을 때에는 결국 관리자 본인의 출세에 필요한 도움을 받을 수도 있다.

말의 순서에 따라 평가가 달라진다

　같은 말을 해도 상대방에게 좋은 인상을 주는 경우와 나쁜 인상을 주는 경우가 있다. 결정적 차이 중 하나는 말을 하는 순서다. A 부장과 B 부장을 예를 들어 비교해보자.

A: 확실히 정성을 다해 만든 것 같기는 하지만 이렇게 비효율적이라면 회사가 어떻게 이익을 올릴 수 있겠어. 신입 사원도 아니고 좀 더 진지하게 생각해봐야 하지 않을까? 정말 답답하네.

B: 효율성이 좀 떨어지는데? 이대로 하면 매출이 떨어질 수밖에 없겠어. 좀 더 매출을 올릴 수 있도록 연구해보는 게 어때? 자네는 일에 최선을 다하는 사람이니까 분명히 더 나은 기획안을 만들 수 있을 거야. 기대할게.

어떤 말을 하든 마지막 말 한마디는 강한 인상을 남긴다. A 부장처럼 처음에는 칭찬하는 듯하다가 마지막에 "정말 답답하네."와 같이 감정적인 말까지 섞어서 화를 낸다면 부하 직원에게는 당연히 불쾌감만 남는다. 게다가 신입 사원과 비교까지 당한다면 부하 직원이 느낄 굴욕감과 반감은 말로 설명할 수 없다.

B 부장처럼 처음에 할 말을 하기는 하지만 냉정하게 평가를 하고 마지막에 "기대할게."와 같이 의욕을 일깨우는 말을 덧붙인다면 부하 직원은 자신이 인정받고 있다는 느낌을 받을 것이다.

부하 직원은 자신이 하는 일이 어떤 평가를 받고 있을지에 대해서도 신경이 쓰일 것이다. 그러면 A 부장과 같은 반응을 보면서 자신을 달갑게 여기지 않는다 생각하고, B 부장과 같은 반응을 보면서 자신에게 호감을 가지고 있다고 느낀다.

자신에게 호감을 가지고 있는 사람에게는 마찬가지로 호감을 갖게 되고 자신에게 혐오감을 가지고 있는 사람에게는 마찬가지로 혐오감을 갖게 된다. 심리학적으로 봐도 당연한 현상이다.

즉, A 부장이 자신을 좋아하지 않는다고 생각한 부하 직원이 A 부장을 위해 적극적으로 일할 리가 없다는 의미이기도 하다. 이런 상황이라면 A 부장 입장에서 이득이 될 게 없다. 관리자나 부하 직원이나 서로 좋을 것이 없는 상황이다.

이와 같은 불행한 결과를 피하려면 부하 직원에게 주의를 주거나 지도를 할 때에는 반드시 빠져나갈 수 있는 틈을 주고 적절한 평가를 내리면서 기대하고 있다는 메시지를 담아 격려해야 한다.

반면 엄격하지만 좋은 관리자는 부하 직원들이 고맙게 생각해 좋은 인간관계를 형성하고 성과도 잘 관리하기 때문에 자연스럽게 자신이 출세할 수 있는 환경을 갖추게 되고, 결과적으로 이득을 본다.

　부하 직원 역시 말의 순서 때문에 업무나 인간관계를 그르치지 않도록 주의해야 한다. 예를 들어, 상대방에게 사과할 때 변명부터 하는 사람들이 있다. 일상생활에서 흔히 볼 수 있는 경우인데, 그러면 대체로 상대방은 화를 내게 된다. 예를 들어, 약속 시간에 늦어 계약을 따내지 못한 부하 직원이 관리자에게 보고를 한다고 하자.

A: 어떻게 된 거야?
B: 사고 때문에 도로가 막혀서 약속 시간에 늦었습니다. 하지만 겨우 10분입니다. 그 정도 늦었다고 계약을 파기하는 경우는 없지 않습니까. 어쨌든 죄송합니다.

　이런 상황에서 "그래, 알았어."라고 말하는 관리자는 아마 없을 것이다. 한편, 다른 부하 직원은 조금 다른 방식으로 사과를 했다.

C: 죄송합니다. 제가 판단을 잘못했습니다. 사고 때문에 도로가 막혀서 10분 지각을 했다고 하지만 상대방을 화나게 했으니까 내일 다시 찾아가서 정중하게 사과하겠습니다.

D: 그래? 앞으로는 좀 더 여유 있게 움직이도록 하게. 어쩔 수 없지. 내일은 나도 함께 가서 사과하도록 하지.

관리자 입장에서는 순순히 받아들일 수 있는 상황은 아닐 것이다. 그럼에도 불구하고 부하 직원이 자신의 실수를 인정하고 개선책을 제시한다면 무작정 다그치기보다 직원의 실수를 이해하는 방향으로 생각할 것이다.

결과적으로 보면 두 경우 모두 보고 내용 면에서는 거의 비슷하다. 하지만 말의 순서가 다르다는 면에서 그 말을 받아들이는 입장에서 큰 차이를 보인다. 똑같은 사과를 하더라도 상대방에게 건네는 인상이 자신에게 이득이 되는 쪽이 무엇보다 현명하다.

관계를 멀어지게 만드는 영혼 없는 리액션

자신을 주시하면서 호응을 해주는 사람은 자신의 이야기에 귀 기울이고 있는 사람이라는 느낌을 준다. 그러면 이야기를 끝내고 나서 자신의 뜻을 확실하게 전달했다는 만족감과 상대방에 대한 신뢰감이 생긴다.

하지만 "네."라거나 "그렇지요."라고 호응하면서 눈은 다른 방향을 바라보고 있다면 진정성 없이 호응만 하고 있는 사람이라는 인식을 준다. 즉, 내 이야기에 귀를 기울이고 있는 사람이라고 생각하기 어렵다.

"응, 응." 하고 충분히 이해한다는 식으로 연신 호응하는 사람도 있다. 이처럼 긍정적 대답을 연발하면 '이 사람, 그냥 건성으로 호응하고 있는 거야.'라는 인상을 준다. 심지어 자신을 우습게 보고 있다는 오해도 하게 만든다.

진정성 없이 호응하는 사람은 자신의 언행을 의식하지 못하는 경우가 많다. 귀로는 일단 듣고 있으니 상대방의 말을 이해하고 있다고 생각하기 때문이다. 하지만 그런 사람을 마주하고 있는 상대방은 기분이 나빠질 수밖에 없다. 때로는 상대방에게 상처를 주거나 화나게 만들어 지금까지 형성한 신뢰 관계에 금이 가기도 한다.

부부나 연인 사이에서 진정성 없는 호응을 하게 되면 "내 말 좀 제대로 들으라고!" 하며 목소리를 높이고 큰 싸움으로 발전하기도 한다. 특히 오랜 시간 함께 살아가는 부부 사이에서는 이런 사소한 불만들이 쌓여 관계가 악화될 우려가 있기 때문에 주의해야 한다.

직장에서는 진정성 없는 호응을 한다고 해서 싸움이나 다툼으로 발전하는 경우는 별로 없다. 하지만 표면적으로 원만한 인간관계를 유지하는 것처럼 보여도 마음속에는 불만이 쌓일 가능성이 높다.

부하 직원이 관리자의 이야기를 건성으로 듣고 "네.", "흐음, 그렇군요."라는 식으로 성의 없게 대응을 하면 관리자는 그 직원에 대해 진지함이 결여된 사람이라고 평가를 하기 쉽다. 그리고 이런 상황이 몇 번 거듭되면 건방진 부하 직원이라는 낙인까지 찍힐 수 있다. 겉으로는 원만한 관계를 유지하는 것처럼 보여도 직장에서의 평가는 확실히 형편없어지고 신뢰 관계 또한 잃게 될 수 있다.

답변 하나로 상대방을 사로잡는 사람

　말을 주고받기 전 단계에서의 인사나 답변도 호감도와 신뢰도를 좌우하는 중요한 요소다. 아침에 처음 만나 커다란 목소리로 또렷하게 "안녕하세요!"라고 인사하는 사람과 고개를 숙이고 우물거리면서 "안녕하세요."라고 인사하는 사람, 그리고 고개만 살짝 끄덕여 인사하는 사람은 상대방이 받아들일 때 느낌이 다를 수밖에 없다.

　하지만 모든 것은 상황에 맞는 적절한 수위라는 것이 있다. 설계나 프로그래밍을 하는 사람들이 모여 있는 조용한 사무실 문을 열고 갑자기 큰 소리로 "안녕하세요!"라고 외친다면 분위기가 싸늘하게 식어버릴 수 있다. 그

장소에 어울리지 않는 활발함은 오히려 분위기를 어색하게 만들기 때문에 문제가 될 수 있다. 즉, 사회인이라면 상황과 장소에 어울리는 적절한 인사법 정도는 체득하고 있어야 한다.

답변 역시 마찬가지다. 건성으로 호응하듯 마음에 없는 말을 해서는 안 된다. 또 어떤 경우에도 큰 소리로 호응을 하겠다는 생각에 과도한 반응을 보이는 것도 바람직하지 않다. 만약 관리자가 말을 걸어오면 순간적으로 상황을 파악하고 주변 사람들에게 피해를 끼치지 않는 범위 안에서 또렷하고 분명한 목소리로 재빨리 답변을 해야 한다.

물론, 하나라도 틀리면 안 되는 계산 업무를 하고 있을 때처럼 일손을 놓기 어려울 때에는 즉시 답변할 필요 없다. 자칫 자신의 업무에 문제가 발생할 수 있으므로 그럴 때에는 "네, 잠깐만 기다려주십시오."라고 일단 상대방의 질문을 인지하고 있다는 식의 반응을 보인 다음 업무를 마치고 관리자를 찾아가는 것이 좋다. 그리고 "죄송합니다. 일을 중단할 수 없어서요."라고 사과를 한다면 관리자도 불평하지 않을 것이다.

관리자 역시 부하 직원이 말을 걸어올 때에는 가능한한 분명하게 답변을 해야 한다. 부하 직원이 "부장님!" 하고 불러도 즉시 답변하지 않고 몇 번씩 불러야 비로소 "네?" 하고 귀찮다는 듯 답변하는 태도는 절대로 보이지 말아야 한다.

부하 직원이 말을 걸어왔을 때, 직원보다 지위가 높은 관리자가 "네?" 하고 즉시 답변을 하는 것이 격에 어울리지 않는다고 생각하는 사람이 의외로 많다. 사실 이런 예의 바른 답변 하나가 자신의 호감도를 높인다는 점을 명심해야 한다.

"응? 왜?"라는 식으로 친밀감 있는 말투를 사용하는 것도 나쁘지 않다. 귀찮다는 느낌이 아니라 상대방이 무슨 이유 때문에 부르는 것인지 적극적인 자세로 귀를 기울이는 모습을 보인다면 당연히 좋은 인상을 주게 된다.

답변이나 호응 같은 사소한 문제들도 상대방에게 주는 인상을 크게 좌우한다. 직장이나 가정은 인생의 대부분을 보내는 장소다. 아무리 사소한 문제라고 해도 그것들이 계속 쌓이면 인간성 자체를 드러내는 잣대로 작용될 수 있다.

멘털 붕괴의 상황일수록 멘털 단속

　직장 생활을 하다 보면 자신이 의도하지 않은 일의 결과를 얻는 경우들이 있다. 재빠르게 잘못된 것을 바로잡는 경우도 있지만, 때에 따라서는 관리자의 눈에 띄어 추궁을 당하기도 한다.

A: 자네가 창고를 엉망으로 정리해놓은 거야?

B: 아니요. 저 아닙니다.

A: 거짓말하지 마! 자네 말고 누가 또 이런 실수를 하겠어?

특히 관리자가 갑자기 화를 내면서 고함을 지른다면 어떤 상황인지를 파악하기도 전에 당황해 제대로 말을 하지 못하기도 한다. 자초지종을 말해도 귀를 기울이지 않고 무조건 잘못한 것이라고 몰아가는 몰상식한 관리자도 분명 존재한다.

나중에 다른 사람이 저지른 일이라는 사실이 밝혀져도 단 한마디 사과도 없는 경우가 있다. 되레 부하 직원의 평소 업무 스타일이 문제라는 식으로 자신의 잘못을 인정하지 않는 경우도 있다.

> **"평소에 일을 똑바로 했으면 의심할 리가 없잖아."**

이 같은 사람은 스스로 손해를 보는 말투를 구사한다는 문제를 지적하기 전에 스스로 손해 보는 인격을 갖춘 사람이기 때문에 전문적인 상담을 받아봐야 한다.

자신이 성격적으로 문제가 없는 경우인데도 골치 아픈 사람이라는 인상을 심어준다면 큰 손해다. 예를 들어,

직장 내에서 자신의 책상 위에 있어야 할 자료가 없어졌다면 어떻게 하겠는가? 보통 자신이 자료를 잃어버렸다는 전제로 책상 속을 뒤져보고 옆자리 책상을 살펴볼 것이다. 그리고 주변을 찾아봐도 자료가 발견되지 않으면 마지막으로 어디에서 보았는지 기억을 더듬거나 주차장으로 달려가 자동차 내부를 살펴보거나 집으로 전화를 걸어보는 식으로 찾아볼 것이다.

반면 자신의 책상 주변을 한 차례 훑어보고 즉시 공황 상태에 빠져 사무실 구석구석까지 메아리가 울릴 정도로 소리를 지르며 소란을 피우는 사람이 있다.

> "책상 위에 놓아두었던 자료가 없어졌어! 도대체 어떻게 된 거야?"

이것은 매우 위험한 언행이다. 마치 주변 사람들 중에 누군가 자신의 자료를 가져간 것이라고 탓하는 것과 같은 행동이기 때문이다.

물론, 다른 사람을 원망하는 표현은 없지만 주변 사람들이 듣기에는 그런 식으로 들릴 수밖에 없다. 동료 입장에서도 자신이 의심을 받는다는 느낌이 들면 함께 찾아보려는 마음이 들지 않을 것이다.

　그렇게 한바탕 소란을 피웠다가 결국 자신의 가방 안에서 자료가 나왔다면 어떻게 될까. 만약 "아, 여기 있었네."라는 한마디로 끝낸다면 주변 사람은 자신들이 의심을 받았다는 생각에 기분이 개운치 않을 것이다. 그리고 또 언젠가 비슷한 언행을 되풀이할 것이라 생각하므로 정말로 누군가가 자료를 가지고 갔다고 해도 주변 사람들은 "어차피 자기가 어디에 두었는지 잊어버리고 소란만 피우는 사람이야. 한심해."라고 생각하며 관심을 보이지 않을 것이다.

　반대로 별로 중요하지도 않은 물건을 잊어버렸는데 주변 사람들이 모두 나서서 도와주는 사람도 있다. 일단 자기 주변을 세밀하게 살펴보고 기억을 더듬어봤는데도 도저히 찾을 수 없을 경우에 주변 사람들에게 도움을 요청하는 사람이다.

"죄송합니다. 혹시 여러분 중에 A4 용지가 들어 있는 노란색 파일을 보신 분 없습니까? 어제 집으로 돌아가기 전에 책상 위에 놓아둔 것 같은데 어디에 두었는지 찾을 수가 없네요. 혹시 다른 곳에 두고 잊어버렸는지 모르니 여러분 책상 주변 좀 둘러봐주시겠습니까?"

이런 식으로 자신의 실수를 인정하고 고백하는 사람에게 냉정한 눈길을 보내는 사람은 거의 없다.

"그래요? 그럼 함께 찾아봅시다."
"혹시 자동차 안에 두신 것 아닐까요?"
"가방 속도 잘 살펴보셨어요? 다시 한번 확인해보세요."

난처한 상황에 놓였을 때 어떤 태도를 취하느냐에 따라 상대방에게 좋은 인상을 심어줄 수도 있고 나쁜 인상을 심어줄 수도 있다. 공황 상태에 빠지더라도 화를 내거나 소란을 피울 것이 아니라 겸허한 마음으로 협력을 요청하는 방법을 선택해야 한다. 그런 침착한 태도는 주변 사람들을 안심시키고 신뢰감을 높여준다.

건설적인 말과 감정적인 말

1814년 빈회의에 참석한 오스트리아의 장군 샤를 요제프Charles-Joseph, 7th Prince of Ligne는 제대로 진행되지 않는 회의를 두고 다음과 같은 말을 남겼다고 한다.

> "회의는 춤을 춘다. 그러나 진전은 없다."
>
> **Der Kongress tanzt viel, aber er geht nicht weiter.**

직장인이라면 누구나 공감할 만한 말이다. 회사에서

일어나는 회의는 대체로 회의를 위한 회의가 많은 듯하다. 실제로도 실속이 없는 내용뿐이라는 말도 있다. 그 원인 중 하나가 바로 회의를 준비하는 시간이다. 대체로 회의에서 논의되는 의제를 참가자가 그 자리에서 처음 알게 되는 경우가 많기 때문이다.

회의에 필요한 자료를 조사할 시간도, 깊이 생각할 시간도 주어지지 않았다면 "이 제안은 부결하는 수밖에 없습니다."라거나 "이 안건은 다음 회의에서 재검토하는 것으로 합시다." 등으로 보류되는 경우가 많다. 그럴수록 회의를 통해 얻고자 하는 결론은 좀처럼 매듭지어지지 않는다. 회의가 길어지거나 결론이 빨리 나지 않거나 모처럼 좋은 제안이 나왔지만 결실을 거두지 못하는 것은 논의되는 안건에 대해 잘 모르는 사람들이 회의를 하기 때문이다.

회의를 위한 회의를 하는 상황에서는 짧은 시간 동안 이뤄진 회의를 통해 충분히 논의가 되지 않았음에도 마무리를 짓거나 왠지 불안하다는 이유로 "정말 그 방식으로 팔리겠습니까?"라는 식으로 불만을 내놓는 수준밖에 되지 않는다.

이러한 회의가 진행되는 근본적 이유는 회의를 건설적인 방향으로 진행하는 방법을 몰라서다. 좀 더 건설적인 회의를 하고 싶다면 적어도 회의 전날에는 회의 자료를 배포해야 한다. 그래야만 서로 내용을 충분히 이해하고 의욕도 느낄 수 있다. 또 건설적인 회의를 하기 위한 핵심은 건설적으로 말하는 것이다. 당연한 말이지만 뜻밖에 어렵다.

"그건 잘못된 것 같은 느낌이 드는데요?"
"그 말씀은 어디까지나 본인의 예상일 뿐이지요?"

한 가지 제안에 대해 비판하는 것은 나쁘지 않지만 핵심을 찌르는 지적이 아니라면 논리적이지도 않고 부정적인 감정에 휩싸여 방침이 정해지는 경우도 많다.

회의에 무엇인가 제안하고 싶은 사람은 나름대로 조사도 하고 논리를 세워 기획안을 제시하겠지만 단순히 개인적인 느낌에 따라 평가받는 듯한 인상을 받으면 열

심히 조사한 보람조차 느낄 수 없다.

정말로 상대방의 제안이 잘못됐다고 생각한다면 논리적으로 왜 잘못되었는지 그 이유를 설명하고 자신이 생각하는 대안을 제시하는 식으로 건설적인 제안을 해야 한다. 그렇게 하면 회의에 참석한 다른 사람들도 새로운 방법들을 쉽게 제시할 수 있어 수많은 의견들이 자연스럽게 나오게 된다. 그러한 회의는 기획안을 더 발전적으로 개선할 뿐만 아니라 성과적으로도 진전된 모습을 보이게 된다.

감정적으로 비판하면 나중에 자신이 제안했을 때 역시 감정적인 비판을 받을 수 있다. 설사 경쟁자의 제안이라고 해도 서로 발전할 수 있는 건설적인 의견을 제시하고 인간적으로도 신뢰를 쌓아야 한다. 결론을 보류하는 회의만큼 쓸데없는 시간 낭비는 없다. 회의 참가자가 열 명이라면 그 열 명이 회의 때문에 소중한 시간을 소비하는 것이다. 회의를 통해 보류라는 결론을 내릴 경우, 그들의 시간은 무엇으로 보상받을 수 있을까. 건설적인 의견을 설명하는 자세를 갖춰야 비로소 더 나은 회의를 통해 성과를 얻을 수 있다.

자존심 강한 동료도 내 편으로 만드는 말 한마디

야근이나 출장을 대신 부탁하거나 자신이 너무 바빠 도움을 요청하고 싶을 때 상대방이 기분 나쁜 표정을 짓거나 불쾌한 말을 할지도 모른다는 생각이 든다면 좀처럼 부탁하기가 어렵다. 직장에서든 친구 사이에서든 다른 사람에게 부탁을 하려면 불편할 수밖에 없다.

또 평소 선배 행세하기를 좋아하는 유형의 사람이나 원래 움직이기 싫어하는 타입에 해당하는 사람은 부탁하는 것을 적극적으로 거부하는 의사를 노골적으로 드러내기 때문에 더욱 부탁하기가 어렵다.

그러나 그런 사람들도 말 한마디에 따라 움직일 수 있

다. 동료의 입장에서 보면 잘난 척하고 기분 나쁜 인간이지만 관리자의 말은 잘 듣는 사람이 있을 것이다. 그런 유형의 사람은 자신의 평가에 신경을 많이 쓰는 사람이거나 마음속에 불안감을 가지고 있는 사람이다. 그들에게는 약간의 칭찬을 섞어서 말을 건네보자.

> "부장님이 ○○ 씨는 믿음직하니까 도와줄 거라고 말씀하시더군요."

잘난 척하는 사람이거나 선배 행세를 좋아하는 유형에 해당하는 사람에게는 자존심을 높여주거나 정중하게 고개를 숙이는 방법이 효과가 있다.

> "제가 의지할 수 있는 사람은 선배밖에 없습니다."
> "선배가 바쁠 때는 도와드릴 테니까 부탁 좀 드립니다."

평소 일에 그다지 열성을 보이지 않는 사람에게는 업무와 관련된 칭찬은 통하지 않는다. 그런 사람에게는 센스나 재능을 칭찬하면 의외로 흔쾌히 도움을 받을 수 있을 것이다.

> "이 자료를 그래프로 만들고 싶은데 좀 도와줄 수 있을까? 당신의 디자인 감각이라면 아름답게 디자인할 수 있을 것 같은데, 나는 디자인에는 영 소질이 없어서…."

칭찬은 윗사람에게만 허락된 것이 아니다. 상대가 누구든 적시에 활용하면 직장 내 인간관계를 원활하게 만들어줘 업무를 부드럽게 처리하는 데 큰 효과가 있다.

출구 없는 회의를 정리할 줄 아는 사람

몇 사람이 모이면 당연히 여러 가지 다른 의견이 나온다. 그럴 때에는 그 자리의 주최자가 제각기 다른 의견들을 정리해야 한다.

정리 역할을 하는 사람이나 조정 역할을 하는 사람이 없는 부서에서는 아무리 긴 논의를 거듭해도 결론이 나오지 않아 분위기가 어수선해지거나 감정적이고 소모적인 의견 교환으로 발전하는 경우가 많다.

한편, 정리 역할을 해야 할 위치에 있지 않은 사람인데도 영향력을 발휘하면서 다양한 의견들을 고르게 잘 취합하는 사람이 있다.

"그렇군요. H 씨는 전적으로 찬성이군요. K 씨는 반대. D 씨는 공사 기간 문제만 해결된다면 찬성이고 M 씨는 예산에 무리가 있다는 의견이지요? 제 생각에 회사의 방침에 따라 반드시 처리해야 할 일이기 때문에 반대를 한다고 해도 의미가 없으니 공사 기간과 예산을 충족시키기 위한 방법에 관해 생각해보고 이번 주 안에 다시 한번 회의를 가지는 것이 어떨까 합니다. 저는 지금까지 관계를 맺었던 업자를 바꾸면 혹시 방법이 나올지도 모르겠다는 생각이 듭니다만, 어쨌든 최선을 다해보고 그래도 무리라면 부장님께 수치를 보여드리고 무리라고 말씀드리는 게 어떻겠습니까? 과장님 생각은 어떻습니까?"

반대 의견을 제시한 것도 아니고 단순히 찬성만 하는 것도 아니다. 모두가 반대하기 어려운 결론을 찾아내 반론하기 어려운 화법을 구사함으로써 결론이 나지 않는 회의를 정리한다. 이것은 모두가 찬성할 수 있는 정리 방법이다. 이런 식으로 논의를 정리할 수 있는 사람이야말로 리더가 되어야 할 존재로서 점차 인정을 받게 된다.

직장에서는 당연히 일로 능력을 발휘하는 것이 중요하다. 더불어 사람들의 신뢰를 얻는 사람이 덕망을 얻는다. 덕망이 있다는 것은 정보, 인맥, 권력이 모두 모인다는 의미다. 만약 실무 능력이 특별히 뛰어난 것도 아닌데 조직을 이끌고 있는 사람이라면 덕망이 있고 조정 능력이 뛰어난 사람일 것이다.

퇴근 전에 일을 맡긴 관리자를 상대하는 법

약 10년 전, A 씨가 일을 마치고 퇴근을 준비하고 있었다. 그러자 관리자가 기다렸다는 듯 다가와 말했다.

> **"A 씨, 이 메모 좀 내일 아침까지 워드로 작성해줘."**

A 씨는 그 일이 별로 하고 싶지 않았다. 하지만 직장 내 관리자의 부탁이라면 쉽게 거절을 하기 힘들 것이다. 이럴 때 어떻게 대응하고 어떻게 말 한마디를 하는지에

따라 손해를 보기도 하고, 이득을 보기도 한다.

"네? 이미 퇴근 시간인데요. 좀 더 빨리 말씀을 해주셔야지요. 제게도 사정이 있는데."

→ 당연히 불합격이다.

"아, 바쁜 일이신가 보군요. 알겠습니다. 처리하겠습니다."

→ 그런 대로 합격점.

"네. 즉시 처리하겠습니다."

→ 답변으로서는 나쁘지 않지만 이후로도 지속적으로 이런 식으로 일을 맡게 될 가능성이 있기 때문에 불합격은 아니지만 바람직하지 않다.

"알겠습니다. 하지만 과장님, 내일 점심 사셔야 합니다."
→ 이것이 합격에 해당하는 답변이다.

"과장님, 부탁드립니다. 다음부터는 조금만 일찍 말씀해 주십시오. 그러면 회사에서 야근 수당을 굳이 지불할 필요가 없지 않겠습니까? 하하하."
→ 이런 식으로 약간의 유머를 섞어서 대응할 수 있다면 이상적이다.

어차피 해야 할 일이라면 굳이 싫은 내색을 하지 않는 쪽이 자신에게 이득이다. 그렇다고 무슨 일이든 수용해 버리면 그것이 자신의 역할인 것 같은 분위기가 만들어 질 수 있다. 가급적 밝고 즐거운 분위기를 만들되 상대방이 어느 정도 압박을 느끼도록 하는 것이 효과적인 방법이다.

'당신'에 대한 불만보다 '나'의 불만을 말하기

　많은 직원이 일하는 직장일수록 개성적이거나 독특한 습관을 가졌거나 이해하기 힘든 사람들의 비율도 높아진다. 규칙을 지키지 않거나 도덕성이 결여되어 있는 사람들도 종종 마주하게 된다. 심지어는 그런 사람들 중에는 자신의 일도 제대로 처리하지 못한다는 생각에 화가 치밀어 오르게 만드는 사람도 있다.

　예를 들어, 거래처에 함께 가게 된 동료가 약속 시간에 늦은 경우를 들 수 있다. 거래처에 피해를 끼칠 수는 없어 일단 혼자 약속 장소로 갔는데, 나중에 나타난 동료가 전혀 미안한 기색을 보이지 않는다면 어떤 기분일까.

거래처에서는 한 사람이라도 약속 시간에 나타났으니 크게 문제 삼지 않을 것이다. 하지만 동료의 태도는 쉽게 이해하기 힘들다. 직장 생활에서는 이처럼 사소하지만 어이없는 일들이 종종 벌어진다. 그렇다고 조용히 넘어 갈 수도 없는 문제다.

> "당신 지금 무슨 행동을 했는지 알아? 사회인으로서의 자각을 가지고 행동하지 않으면 나는 더 이상 당신과 함께 일할 수 없어."

문제가 되는 행동을 한 직원에게 화를 내고 싶지만 이런 식의 대응은 대부분 역효과를 낳는다. 대체로 자신이 어떤 잘못을 하고 있는지를 모르는 상대방은 그처럼 사소한 문제로 화를 낸다며 되레 속 좁은 사람이라고 반발할 수 있다. 심지어 자신의 무책임함에 전혀 신경을 쓰지 않는 경우가 많다.

따라서 이럴 때는 상대방에게 문제가 있다고 지적하

며 잘못을 비난할 것이 아니라 상대방이 약속 시간에 제때에 나타나지 않아 걱정했다는 식으로 말하는 것이 좋다. 그리고 이때에도 주어를 '당신'에서 '나'로 바꾸어 말하는 것이 좋다.

> **"나는 당신이 약속 시간에 늦게 나타나서 큰일이 일어난 줄 알았어."**

그러면 상대방은 자신이 비난을 받고 있다는 식의 심리적 반발을 덜 느끼기 때문에 나의 말에 귀를 기울인다. 그리고 여기에 "그런 식으로 행동하면 곤란해."가 아니라 "○○해주면 정말 고맙겠어."라는 뉘앙스의 말을 덧붙인다면 상대방이 나의 요구를 들어줄 가능성은 더욱 높아진다.

부하 직원이 잘못을 해 화가 났을 때 "이 멍청아!"라고 소리를 지르면 그 순간은 속이 시원해질지 모른다. 하지만 그렇게 해도 바뀌는 것은 아무것도 없다. 오히려 직장 내 인간관계만 더욱 나빠질 뿐이다. 마음속으로는 화가 나더라도 잠시 숨을 고르고 상대방이 자신의 말에 귀를 기울일 수 있도록 만드는 것이 미래를 생각하면 훨씬 이득이다.

업무의 핵심을 놓치게 만드는 스몰토크

이웃 사람을 길에서 만나 대화를 하거나 마음이 맞는 친구와 세상 돌아가는 대화를 나누는 경우라면 어떤 내용을 소재로 삼아도 상관없다. 하지만 직장에서 업무와 관련된 이야기를 할 때에는 문제가 다르다. 불필요한 말을 꺼내어 말이 길어지다 보면 동료에게 피해를 끼치는 경우도 있다. 대체로 불필요한 수다는 본론을 방해하기 때문에 문제가 된다.

한 건설회사의 영업 사원이 현장감독에게 전화로 이야기를 전달하고 있는 상황을 예로 들어보자.

"그 입체 주차장 건설 건 말씀인데요. 소음 때문에 민원이 들어오고 있습니다. 지난번에 맨션을 지을 때처럼 집단적으로 항의하는 것은 아니지만 어쨌든 성가실 수 있으니까요. 그때 정말 힘들었지요? 저는 그때 소동을 진정시키느라 아들 입학식에도 참석하지 못했습니다. 아, 참, 감독님 딸이 이번에 초등학교에 입학하지요?"

업무적으로 대화를 하던 중에 되살아난 기억을 계속 대화의 소재로 삼다 보니 정말 중요한 '입체 주차장 건설 소음 문제'는 무시돼버린다.

"작업 시작 시간을 30분 늦추는 게 어떻겠습니까?"라고 제안하거나 "소음이 언제까지 이어질 것 같습니까?"라고 물어보고 다음에 민원이 들어오면 "앞으로 이틀만 하면 끝나니까 그때까지 좀 양해해주십시오."라고 답변하는 등 구체적인 이야기를 해야 하는데 정작 중요한 이야기는 잊어버린 것이다. 듣는 입장에서도 처음에 들은 '입체 주차장 건설 소음 문제'에 관한 의식이 옅어져 깊이 생각하지 않는다.

결국 대화의 핵심 내용인 '입체 주차장 건설 소음 문제'에 대한 뚜렷한 대책은 나오지 않은 상태에서 어영부영 통화는 끝나버린다. 그리고 다음 날, "어제도 전화를 드렸는데 아직도 시끄럽지 않습니까!"라는 민원을 받게 되면 "죄송합니다. 이제 곧 끝날 테니까…."라는 식으로 애매한 답변밖에 할 수 없다.

만약 영업 사원이 "입체 주차장 건설 소음 문제가 심각합니다. 뭔가 해결책이 없겠습니까?"라고 용건만 간단히 전달했다면 현장감독은 "그럼 공사 시작 시간을 조금 늦춰보겠습니다. 그리고 모레는 끝날 테니까 소음에 대한 민원이 들어오면 그렇게 말씀해주십시오."라는 식으로 전개되지 않았을까.

불필요한 수다도 인간관계에서는 중요한 윤활유 역할을 한다. 그러나 업무 관계에서는 삼가야 한다. 공적인 중요한 이야기를 할 때는 용건만을 적절하게 전달해야 한다.

전지적 작가 시점을 가진 간섭의 달인들

스포츠를 관전하거나 영화를 볼 때 "그렇게 될 줄 알았어."라는 식으로 말하는 사람이 있을 것이다. 자신의 통찰력이 뛰어나다는 것을 과시하고 싶어서 하는 말이겠지만, 듣는 입장에서 그다지 기분 좋은 표현은 아니다. 간혹 그런 말을 하는 사람이 얄미워 "그렇게 될 줄 알았으면 그전에 왜 말하지 않았어?"라고 비꼬는 경우도 있다.

"역시 나는 이렇게 될 줄 알았어."

스포츠나 영화라면 이런 말도 웃어넘길 수 있는 문제이지만 일에서 실수를 했을 때 위와 같은 말을 들으면 화를 내고 싶어진다.

> **"그럼 왜 말을 안 했는데!"**

하지만 상대방의 심리를 추측해보면 '쓸데없는 참견을 해서는 안 되지.'라거나 '불필요한 간섭을 하면 기분이 나쁠지도 모르니까 잠자코 있자.'라고 생각했던 것인지도 모른다.

대체로 그럴 줄 알았다고 말하는 사람은 자신이 생각하기에 적절하지 않은 일이라거나 주의를 주는 쪽이 좋을 것 같다고 생각하면서도 상대방의 기분을 상하게 하고 싶지 않아 잠자코 있을 수 있다. 그러다가 자신이 예상한 대로 나쁜 결과가 나오자 자기도 모르게 "역시 이렇게 될 줄 알았어."라고 표현하는 것이다. 하지만 그런 말 때문에 상대방의 기분이 상했다면 문제다. 따라서 상대방이 쓸데없는 간섭이라고 생각하지 않도록 하려면 자신이나 타인의 실수를 교훈으로 삼아야 한다.

"전에 당신과 비슷한 일을 하는 사람이 있었는데 같은 방법을 시도해봤지만 결과가 나빴어. 그건 ○○○가 원인이었는데 당신은 그런 문제는 잘 해결했겠지?"

무엇이 나쁜 결과를 이끌어낸 원인인지 가르쳐주면서도 상대방의 기분을 상하게 하지 않는 말, 즉 상대방이 자존심 상하지 않도록 조언해주는 방법이다.

"자네, ○○○에 관해서는 세밀하게 확인하고 있나? 내가 보기에 그 부분을 놓치고 있는 것 같던데 잘 확인하고 있지?"

만약 자신이 아끼는 후배라면 약간 강하게 표현해도 괜찮다. 단, 별로 친하지 않은 상대라면 강한 조언이 상대방의 의욕을 저하시키거나 반감을 살 수 있으므로 가급적 힌트만 제공하는 선에서 마무리 짓는 것이 좋다.

만에 하나라도 "역시 이렇게 될 줄 알았어."라는 말은 절대로 사용하지 않는 것이 좋다. 예상한 대로라는 표현은 마치 상대방의 실수를 보면서 꼴좋다고 고소해하는 표현처럼 들릴 수 있기 때문이다.

온·오프 전환을 잘하는 사람의 매력

일과 관련된 이야기를 할 때는 본론에서 벗어나거나 쓸데없는 말을 많이 하면 본론을 잊어버리거나 오해를 불러일으킬 우려가 있기 때문에 가능하면 간결해야 한다.

간혹 그다지 중요하지 않은 세상 돌아가는 이야기를 할 때에도 일을 할 때처럼 논리적으로 정리하고 싶어 하는 사람이 뜻밖에 많다. 퇴근길에 한잔 걸치면서 프로야구나 해외 축구 이야기를 할 때에도 굳이 논리적으로 정리해 이야기한다면 분위기가 완전히 가라앉아버릴 것이다.

> "그래? 자네가 ○○팀의 팬이 된 이유는 △△가 감독이 되었기 때문이고 ××를 이상할 정도로 싫어하는 건 홈런 타자들만 모여 있기 때문이라는 것이지? 그리고 자네는 □□팀의 팬이 된 이유가…"

이렇게 사소한 분야에서조차 명백한 이유와 분명한 입장을 요구하는 사람들이 있다. 이런 사람은 늘 논리적인 사고를 가지고 있기 때문에 싸움을 중재할 때에는 도움이 될지 몰라도 즐거운 대화를 나눌 때에는 분위기를 가라앉히는 존재가 될 수 있다.

모두가 편안한 분위기를 즐기는 상황에서 누군가의 의견에 대해 지적하고 논리적으로 상황을 정리하려고 하는 것은 사고방식의 전환이 되지 않기 때문이다. 즉, 상대방에게 정확한 정보를 전달해야 할 업무적 대화와 친구들과 즐거운 시간을 보내는 일상적 대화를 구별하지 못하는 사람이다.

송년회에 참석한 직원들에게 편하게 마시라고 해놓고

정작 자신은 일과 관련된 이야기만 늘어놓거나 자신의 술잔이 비었다면서 부하 직원을 불러 술을 따르게 하는 윗사람도 일과 일상 사이에서 온·오프 전환을 할 줄 모르는 전형적인 사람이다. 일에 대해서는 엄격하지만 회사를 벗어나면 일은 완전히 잊어버리고 인간적으로 사람을 대하는 사람, 즉 일과 일상을 구분할 줄 아는 사람이 좋은 윗사람이다.

자동차 제조기업 혼다의 창업자인 혼다 소이치로本田宗一郎는 개발 현장에서 마치 화를 내듯 큰 소리로 고함을 지르다가도 술잔을 기울이며 대화를 나눌 때에는 얼굴 가득 미소를 띠고 부하 직원들과 즐거운 시간을 보냈다고 한다. 일을 할 때 에너지를 집중해 열정적으로 행동하는 사람일수록 일과 생활의 온·오프 전환을 잘한다.

애매한 화술은 무능한 사람과 같은 말이다

세상 돌아가는 이야기나 의미 없는 수다라면 흑백을 분명하게 가리거나 구체적으로 어떻게 해야 좋을지 결정 내릴 필요는 없다. 부부가 쇼핑 이야기를 할 때는 "이번 주말에는 신주쿠에 있는 백화점에 가서 점심 먹자."라는 정도면 충분하다. 출발 시간을 정확하게 정할 필요도 없다.

하지만 자신이 지금 어떤 대화를 하고 있는지를 분명하게 파악하고 대처하는 센스는 중요하다. 만약 회사의 예산이 집행되고, 많은 인력이 동원되는 일을 하는 위치에 있으면서 불분명하게 업무를 지시하고 보고한다면 회사에도 개인에게도 치명적인 해를 입힐 수 있다.

"그럼 K공업단지에서 재료를 구입해야 하나? 아, 그 근처에 유명한 라면 가게가 있어. 자네도 알지? 텔레비전에서도 소개한 유명한 가게야."

비즈니스 사회에서는 명확한 정보를 토대로 대화를 해야 한다. 하지만 위와 같은 대화는 업무적으로는 아무런 관련이 없는 내용일 뿐이다.

얼마의 예산으로 무엇을 얼마나 구입할 것인지, 단가는 어느 선에서 맞춰야 할 것인지, 어떤 회사와 거래를 할 생각인지, 몇 시에 거래처를 방문하고 몇 시에 회사로 돌아올 것인지, 함께 간다면 몇 시에 어디에서 만날 것인지 등 상세한 내용을 결정하거나 보고하지 않으면 구체적으로 일을 진행시킬 수 없다. 왜 그 회사와 거래를 하려는지도 확실하게 설명할 수 있을 정도로 사전에 준비해야 한다.

또 한 가지, 어느 정도의 결론도 내리지 못한 상태에서 무책임하게 화제를 바꾸는 것을 피해야 한다. 일에서 중요한 내용은 적당히 넘어가고, 점심 식사를 어디서 할 것인지에 대한 내용만 구체적으로 말한다면 우수한 비즈니스맨이라고 말하기 어렵다. 내일의 일정도 세울 수 없을 뿐만 아니라 동료 또는 거래처 사람들에게 신뢰감을 주지 못한 채 오해와 경멸을 불러일으키기 쉽다.

"내일은 11시에 K공업단지의 J산업을 방문하는 게 어때? 원가 계산을 해봤더니 우리 예산으로 구입할 수 있는 재료를 만들고 있는 곳이 두 곳이더군. 10시에 회사에서 출발하도록 하지. 만약 외부에 있게 되면 직접 그쪽으로 찾아오도록 해. 아, 근처에 유명한 라면 가게가 있으니까 돌아오는 길에 그곳에서 점심을 하도록 하지."

업무적으로 처리해야 할 일을 먼저 완벽하게 준비한 다음에, 한숨을 돌리는 차원에서 여유 시간을 보낼 수 있는 일정을 준비한다면 일도 인간관계도 순조롭게 진행될 것이다.

3장

말맛을
살릴 줄 아는 사람들의
신의 한 수

대화를 이어가기 위해 무엇보다 중요한 것은 상대방이 대답하기 쉬운 화제를 꺼내는 것이다. 정치, 경제, 종교 등의 어려운 화제나 가정환경 등의 사적이고 깊은 화젯거리는 자제해야 한다. 우선 자신이 가볍게 대화를 나눌 수 있는 상대라는 이미지를 전해주는 것이 폭넓은 대화로 이어질 수 있는 계기를 만들어준다.

사람을 끌어당기는 말투

　사람들과 함께 이야기를 나누고 있을 때, "응, 응, 그래서?"라는 식으로 건성으로 대화에 끼어들고 싶을 때도 있고 대화 도중에 관심을 잃고 더 이상 집중되지 않을 때도 있다.

　물론, 상대방이 친한 친구나 연인, 흥미 있는 사람인 경우에는 적극적으로 관심을 보이며 귀를 기울이고 그렇지 않은 사람이나 싫어하는 사람이라면 전혀 관심을 보이지 않는 경우도 있다. 상대방과의 친밀도에 따라 이야기가 재미있게 느껴지기도 하고 완전히 흥미를 잃기도 한다.

하지만 친밀도가 비슷하고 거의 비슷한 내용의 이야기를 듣는 경우에도 어떤 사람의 이야기는 재미있게 느껴지고 어떤 사람의 이야기는 재미없게 느껴지는 경우가 있다. 말을 재미있게 하는 사람과의 대화는 즐거운 것이 당연하다. 반면 그렇지 않은 사람과는 대화에 흥미를 느끼기 어려울 뿐만 아니라 대화를 나누는 것 자체가 고통스럽다.

말을 재미있게 하는 사람이라고 해서 늘 재미있는 소재를 가지고 있는 것은 아니다. 다만 똑같은 이야기를 다른 사람이 할 때에는 그다지 재미있게 느껴지지 않는데 왠지 그 사람이 말을 하면 자신도 모르게 분위기가 달아오르고 그의 말에 빨려들어간다. 이런 차이가 발생하는 이유는 말의 내용보다 말투, 즉 화술에 있다.

말을 재미있게 하는 사람은 여성이 바라는 연인 유형 중 항상 상위에 놓이는 대상이다. 실제로 그리 멋지게 생기지도 않았는데 여성에게 인기가 있는 친구를 보고 부러움을 느끼는 사람도 있을 것이다. 또는 말을 잘해서 선배나 관리자에게 사랑을 받고 회사에서도 이득을 보는 사람도 있다.

이와는 반대로 용모나 학력 등 많은 조건을 갖추고 있지만 말투 때문에 손해를 보는 사람도 많다.

사람들이 재미있게 느끼는 말투는 바꿔 말하면 사람을 끌어당기는 말투다. 정말 재미있는 사람이라는 생각을 하게 만드는 말투이기도 하다. 핵심적인 요인으로는 말하는 어조나 표현, 이야기의 전개나 결말로 이끌어가는 방법 등 다양한 부분들을 생각할 수 있다.

우리는 강연가나 개그맨처럼 말로 먹고사는 사람은 아니기 때문에 듣는 사람을 항상 즐겁게 만들 수 있는 소재나 기술은 흉내 낼 수 없고 그럴 필요도 없다. 단, 중요할 때에 분위기를 흥겹게 끌어올리는 비결이나 사람을 끌어당기는 말투 정도는 알아둬서 손해 볼 일은 없다.

긴장감을 서서히 끌어올리는 롤러코스터식 화술

말이 능숙한 전문가들을 흉내 낼 수는 없지만 그들로 부터 배울 점은 적지 않다. 예를 들어, 대중 앞에서 자신 의 전문 분야를 쉽고 재미있게 풀어내는 사람들 중에는 타고난 달변가들이 있다. 그들의 이야기에는 자기 나름 대로의 흐름이 있다.

"최근에는 해외여행을 떠나는 사람들이 증가하고 있는 것 같은데…."

이런 식으로 세상 돌아가는 이야기를 하는 듯한 방식으로 이야기를 시작한다. 어조도 부드럽고 이해하기 쉬운 화제이기 때문에 관객들은 귀를 기울여 다음 이야기를 기다리는 모습을 보이게 된다. 하지만 점차 흔한 이야기가 아니라 약간 특이하고 전문적인 이야기로 전개되어 가면서 차분하게 듣고 있던 관객들도 어느 틈에 강한 관심과 호기심을 느낀다.

전문가들의 강연은 이렇게 가벼운 주제로 담담하게 시작해 이야기를 전개하고 점차 속도가 빨라지면서 마지막에 마무리 부분을 멋지게 장식하는 패턴이 많다. 논문이나 소설로 표현하면 기승전결 수법이다.

또 시간의 순서대로 이야기를 전개하며 관객이 이야기의 등장인물처럼 느끼도록 만들면서 점차 이야기 속으로 끌어들여 절정으로 치닫다가 마지막에 강한 클라이맥스로 마무리를 짓는 방식도 있다. 그러면 관객은 강연이 끝날 때까지 마음 편히 기대감을 부풀리면서 즐길 수 있고 마지막에 마무리를 지으면 만족스럽게 고개를 끄덕인다.

손해를 보는 사람은 이와는 반대다. 흔히 볼 수 있는

실수가 이야기를 시작하려 할 때, 처음부터 강한 말투로 시작하는 것이다.

> **"내가 재미있는 이야기를 하나 할 테니까 좀 들어봐."**

처음에 재미있는 이야기를 하겠다고 선언을 하면 듣는 사람은 기대감이 한껏 올라가 강한 호기심을 갖게 된다. 이러한 방식은 자신에게 주목하도록 만들기 위한 서론으로서는 좋을지 모르지만 높아진 기대감 탓에 뒤로 갈수록 이야기를 듣는 쪽에서 흥미를 잃기 쉽다. 심한 경우에는 누구나 다 아는 이야기라는 식으로 말을 차단하고 끼어들 위험성이 높다.

말하는 사람이 이야기를 시작하기 전부터 흥분을 하면 듣는 쪽에서는 오히려 냉정한 자세를 취하기도 한다. 무서운 이야기를 할 때에도 클라이맥스까지 목소리를 낮추어 냉정하게 이야기를 진행하는 쪽이 흥미와 두려움을 더욱 증폭시킨다.

롤러코스터의 스릴도 사실 빠른 속도로 떨어져 내릴 때보다 서서히 최고 지점을 향해 올라갈 때 더 스릴을 느낀다는 사람이 많다. 특히 단발성으로 끝내는 강연이 아니라 이야기의 전개가 있는 내용인 경우라면 듣는 쪽의 호기심을 서서히 부풀려가는 쪽이 훨씬 효과가 크다. 재미있는 이야기를 할 때일수록 이 롤러코스터식 화술을 이용해 서서히 진행하는 것이 비결이다.

뇌리에 꽂히는 한 방이 있는 번지점프식 화술

상대방의 마음을 붙잡으려면 이야기를 부드럽게 시작하는 것이 기본이다. 반면 결론을 먼저 제시함으로써 흥미를 끄는 기술도 있다. 예를 들어, 듣는 사람의 궁금증을 유발할 만한 이야깃거리라고 생각될 때 단도직입적으로 결론부터 말하면 상대의 관심을 단번에 끌어낼 수 있다.

"사실 나… 좋아하는 사람이 생겼어."

"응? 어떤 사람인데? 언제, 어디에서 만났어?"

이렇게 듣는 사람의 관심을 이끌어낸 후에는 말하는 사람 쪽에서 이야기의 주도권을 다시 쥐게 되므로 서서히 이야기를 진행하면 된다. 전개가 복잡하고 길어질 것 같은 이야기를 할 때에도 결론을 미리 꺼내는 것이 좋다. 그러면 듣는 사람 쪽에서도 이야기의 대략적인 흐름을 파악할 수 있기 때문에 흥미도 느끼게 되고 이야기를 듣는 도중에 관심을 잃거나 집중하지 못하는 현상도 없앨 수 있다.

스탠딩 코미디나 강연회나 발표회처럼 관객의 입장에 있는 사람들이 이미 이야기를 듣고자 하는 마음을 먹고 온 경우라면 사람들의 주목을 끌기 쉽다. 하지만 연회 자리 등에서는 모두 시끌벅적하게 즐기기 위해 모인 것이므로 처음에 모든 사람의 관심을 끌 만한 화젯거리를 꺼내는 것이 가장 효과적인 화술이다. 사람들의 흥이 올라 집중도를 잃기 전에 승부를 내야 하기 때문이다.

기승전결의 흐름으로 이야기의 긴장도를 올려가는 것이 일반적인 강연이나 대화의 화술이라면 처음부터 강력한 관심을 끌어당길 만한 화제를 던져 청중을 끌어들이는 것은 강력한 스피치의 기술이다. 이야기의 첫 시작부터 관객들의 마음을 붙잡지 못하면 다음 전개가 원만하게 이루어지기 어렵다.

앞서 소개한 롤러코스터식 화술과 비교한다면 갑자기 클라이맥스로 들어가는 번지점프식 화술이라고 부를 수 있다.

이때 주의해야 할 점은 처음에 결론을 꺼내되, 자신이 말할 모든 내용을 알아챌 수 있을 정도로 이야기를 쏟아내면 안 된다는 것이다.

"좋아하는 사람이 생겼어. 말이 잘 통해서 데이트하기로 약속했어. 모레 6시에 △△ 앞에서 만나서 ○○레스토랑에서 식사하기로 했어…."

이렇게 "좋아하는 사람이 생겼어."라고 처음에 말해 관심을 끌어내려고 할 때도 단번에 모든 내용을 이야기해버리면 상대방이 질문할 내용은 그만큼 줄어든다. 그보다는 우선 한 마디만 던져놓고 상대방의 호기심을 유발

해야 한다. 이후에는 상대방의 질문에 하나씩 대답하는 방식으로 호기심과 흥미를 지속적으로 이끌어내는 것이다. 그리고 마지막에 "데이트 약속까지 잡았어."라는 식으로 마무리를 짓는 것이 최고의 화술이다.

이야기의 시작은 신문의 표제어와 비슷하다고 생각하면 된다. 가장 호기심을 느낄 수 있는 강력한 문장을 간결하게 표현하고, 그 상세한 내용은 본문에 풀어내는 것이다. 번지점프식 화술에서도 시작 부분에 강력한 한 방을 주는 이야기를 꺼내고 그 후의 대화를 통해 열기와 호기심을 지속적으로 유발해야 한다.

사건의 단서를 하나씩 해결하는 탐정식 화술

대화를 하다 보면 유독 재미없게 말하는 사람들이 있다. 특히 어떤 사건이나 자신이 알고 있는 내용을 마치 신문 기사를 낭독하듯 아무런 감정 없이 남의 일처럼 담담하게 말하는 사람들이다. 말하는 사람이 감정을 개입시키지 않고 이야기한다면 듣는 사람도 별 관심 없이 담담하게 듣는다.

자신이 경험한 어떤 사건에 대해 어떻게 느꼈는지 그 당시의 심리 상태를 적절하게 표현하지 못하면 현장감은 전달되지 않는다. 자신의 감정이나 감상뿐만 아니라 함께 있던 사람의 언행 등도 적절하게 덧붙여야 비로소 현장감과 현실감이 증대된다. 즉, 현장 묘사를 잘하고 대사나 표정 등도 살아 있으며 때로는 몸짓이나 손짓을 섞어 상황을 재현하는 사람이야말로 말을 재미있게 하는 사람이다.

그런가 하면 말을 하는 사람과 듣는 사람은 입장이 전혀 다르다. 한 사람은 이미 이야기의 내용을 모두 알고 있고, 다른 한 사람은 전혀 모르고 있기 때문이다. 전자는 전후 사정을 잘 알고 있기 때문에 자세한 부분은 생략하거나 결론만 이야기하는 경우가 있다. 하지만 후자는 상대방의 이야기를 들으면서 상상력을 동원해 조금씩 내용을 이해해나갈 수밖에 없다. 마치 소설을 한 쪽씩 넘기며 읽는 것과 같다.

그러한 상상력에 도움을 줄 수 있는 세밀한 대화나 상황 설명을 생략한다면 인과관계도 이해하기 어렵고 당연히 재미도 반감된다. 묘사가 서투른 소설에 감정을 이입하기 어려운 것과 마찬가지로 상황 설명이 부족한 이야기에는 호기심을 느낄 수 없다.

또한 중간의 설명을 생략하고 결론만 이야기해도 듣는 사람들은 호기심을 느낄 수 없다. 독자들이 추리할 틈도 주지 않고 범인을 알려주는 추리소설이 재미없는 것과 마찬가지다.

재미있는 내용이나 사건일수록 묘사를 섞어 서서히 긴장감을 부여하면서 서두르지 말고 이야기를 진행해야 한다. 특히 이야기의 핵심적 요소가 되는 부분이나 클라이맥스 직전의 섬세한 표현은 매우 중요하다. 이 부분만 재미있게 이야기할 수 있어도 듣는 사람의 마음을 끌어당기는 화술을 구사하는 사람이 될 수 있다.

대화를 이어가지 못하는 연인들

　오래된 친구나 연인 사이에는 특별한 말이 없어도 눈빛만으로도 서로 통하는 것이 있다고 생각하는 사람들이 많다. 물론 관계가 돈독하고 오해가 없는 사이라면 문제될 것이 없다. 서로 말수가 적은 것을 당연하게 여기면서도 서로 원하는 바가 달라 시시때때로 말타툼으로 번지는 경우만 제외한다면 말이다.

　남자 친구와 여자 친구 사이에서는 종종 서로의 질문에 대해 무신경하게 답변하는 대화가 이뤄지곤 한다. 서로에 대해 잘 안다는 전제하에 이것저것 물어보는 것을 귀찮아한다거나 특별한 일이 아니라는 이유로 대답을 건성으로 하기 때문이다.

> **여자 친구:** 어제는 집에 늦게 들어간 것 같은데 무슨 일 있었어?
>
> **남자 친구:** 어제? 아, 친구하고 xx에서 저녁 먹었어.
>
> **여자 친구:** 친구라면 ○○ 씨? xx라면 얼마 전에 나하고 갔던 그 집?
>
> **남자 친구:** 응.
>
> **여자 친구:** 그래서?
>
> **남자 친구:** 그래서라니… 특별할 것이 없는데? 그냥 저녁 먹고 술 마시고 들어갔지.
>
> **여자 친구:** ….

이와 같은 대화에서도 남자 친구의 입장에서는 특별히 이야기를 할 만한 내용이 아니라는 인상이 짙다. 하지만 여자 친구의 입장에서는 무엇이 됐든 남자 친구와 이야기를 나누고 싶었던 것이다. 이렇듯 대화 중에는 서로 바라는 바나 추구하는 대화의 방향 자체가 충돌하는 경우가 종종 생긴다.

둘 다 함께 알고 있는 친구의 이야기나 맛집 이야기, 두 사람에 관한 이야기를 시작으로 다음 이야기로 이어가려는 기대를 안고 대화를 시도해도 상대방이 대화를 뚝 끊어버리는 태도를 취하면 실망할 수밖에 없다. 그럴 경우, 여자 친구 입장에서는 남자 친구가 자신을 대화 상대로는 재미없는 여자, 말이 통하지 않는 여자라고 생각하는 것은 아닌지 불안감을 느끼기도 한다.

회사에서는 종종 쓸데없는 말은 줄이고 사실만 보고하라는 말을 한다. 그래서인지 본론과 관계없는 이야기를 하는 것을 싫어하는 사람들이 많다. 그리고 질문에 간단명료한 대답을 했으면 그것으로 충분하다고 생각한다.

하지만 반대로 생각하는 사람들도 많다. 그런 사람들은 대화의 생명은 말을 주고받는 것이라고 생각한다. 그래서 상대방의 이야기에 관심을 갖고 집중하고 있는 듯한 "아, 그래, 그래.", "그러고 보니…", "○○ 때문에 생각이 났는데…" 식의 호응을 이어가며 끝없이 대화를 이어간다.

앞서 소개한 대화의 예를 보면 남자 친구의 입장은 여자 친구가 너무 말이 많아 피곤하다고 느끼는 듯하다. 비단 여자 친구에 대해서만 느끼는 감정이 아니라 사람들 중에는 유독 대화를 피곤하게 생각하는 이들이 많다.

> "이 사람과 대화를 나누다 보면 말이 너무 많아서 피곤해."
> "이야기를 하던 도중에 다른 이야기로 넘어가니까 무슨 말을 하려는 것인지 알 수 없어."

하지만 한 가지 화제에 관해 결론을 내거나 합의를 이끌어내려는 것이 아니라 대화 그 자체를 즐기고 싶어 하는 사람도 상당히 많다. 그런 상대방의 마음을 파악하고 화제를 제공할 수 있는 사람이라면 좋은 대화 상대라는 평가를 받을 수 있다.

앞에서 소개한 커플 이야기로 되돌아가보면 그의 입장에서는 특별히 재미있는 사건도 아니고 그냥 식사 한 번 한 것뿐이라 해도, 화제가 될 만한 이야기를 꺼냈다면 상대방은 기꺼이 이야기에 동참했을 것이다.

> **"그 녀석(친구)은 요즘에 △△에 빠져 있다던데."**
>
> **"그 술집, 생선구이가 꽤 맛있는 것 같아."**

물론 이러한 대화의 흐름이 별것 아니라고 여길 수도 있다. 하지만 상대방과의 관계를 지속하고 싶다면 사소한 대화일지라도 흐름이 끊기지 않도록 신경을 쓰는 자세가 중요하다.

대화를 중요하게 생각하는 사람이 가장 싫어하는 것은 자신이 할 말만 하고 입을 다무는 말투다. 상대방이 궁금해하는 것에 대해서도 자세한 설명을 해주는 것을 귀찮게 생각하는 사람은 재미없는 사람이라는 인식을 심어줄 수 있다는 점을 명심해야 한다.

이야기의 흐름을 한 번씩 끊어주는 기술

　말을 잘하는 사람이나 인기 있는 강연가에게서 배울 점이 또 있다면 바로 말하는 간격을 적절하게 조절한다는 점이다. 많은 사람을 집중하게 만드는 사람은 이야기의 전개 상황이 바뀔 때나 새로운 주제로 전환할 때 자연스럽게 간격을 둔다. 그러면 이야기를 하는 사람뿐만 아니라 듣는 사람도 이야기의 간격을 통해 지금부터 상황이 바뀔 것이라고 인식하게 돼 호흡을 가다듬고 마음의 준비를 할 수 있다.

　또는 이야기의 절정으로 진입하기 직전에 두는 간격도 있다. 이 방법을 사용하면 이야기를 듣는 사람은 마른

침을 삼키고 주시하는 상태가 된다. 다시 이야기를 시작할 때 그 효과는 최고조를 이룬다.

주로 두 사람이 대화를 주고받는 경우에는 대화의 간격이 훨씬 더 중요하다. 문제는 간격을 두는 타이밍이다. 자신이 설명하고자 하는 인물이나 상황의 설명 등처럼 확실하게 이해하기를 바라는 장면에서는 천천히 이야기하고 상대방이 이야기에 집중한 상황에서는 속도를 높여 이야기를 리듬감 있게 진행해야 한다.

이처럼 이야기의 속도를 조절하는 시점에 적당히 간격을 두면 상대방도 "그래서 다음은 어떻게 됐는데?", "응? 그건 너무 심한데.", "그렇지. 그 마음, 충분히 이해할 수 있어." 등처럼 자신의 감상을 표현할 기회가 주어진다. 그러면서 이야기를 듣는 사람은 다음 전개에 더욱 강렬한 호기심을 느낀다.

앞서 듣는 사람의 입장에서 적당한 타이밍에 간격을 두면 이야기에 리듬감이 발생한다고 설명했는데 그것을 역으로 이용해 말하는 사람의 입장에서 일부러 그런 간격을 만들어주는 것이다. 소설 속의 단락 구분, 장 구분처럼 이야기 사이사이에 쉬어가는 지점을 만들어주면 어느 정도 긴 이야기나 복잡한 이야기라고 해도 쉽게 이해하고 편안하게 들을 수 있다.

　사람과 사람이 한자리에서 대화를 진행하려면 즐거운 기분을 느낄 수 있는 요소가 있어야 한다. 대화 내용 자체가 그다지 신선하지 않고 도움이 되지 않는 것이라 해도 즐거운 분위기만 갖추어지면 좋은 대화로 이어질 수 있다. 그런 분위기를 만들기 위해서라도 리듬이나 간격을 적절히 활용할 줄 알아야 한다.

이야기의 맛을 살리는 과장과 거짓말

　누구나 어린 시절에 거짓말이 나쁜 것이라는 교육을 받는다. 심한 경우 거짓말을 하는 사람은 사람들 사이에서 외면을 당한다고도 가르친다. 하지만 어른이 되고 사회생활을 하다 보면 거짓말도 삶을 살아가는 데 필요한 하나의 기술이라는 사실을 조금씩 이해하게 된다. 물론, 같은 거짓말이라고 해도 사람들에게 피해를 끼치는 거짓말과 그렇지 않은 거짓말이 있다.

　예를 들어, 자신이 어느 영화를 좋아한다는 사실을 강조하기 위해 실제로는 세 번밖에 관람하지 않았는데 무려 여덟 번이나 극장에서 관람을 했다는 식으로 과장해 이야기하는 경우가 있다. 사실관계를 따져보면 이것은 명백히 거짓말이다. 하지만 세 번을 봤건 여덟 번을 봤건 다른 사람에게 피해를 끼치는 것도 아니고 기껏해야 상대방에게 얼마나 재미있는지를 설명하기 위해 약간 부풀린 정도이니 심각하게 여기지 않을 수도 있다. 누구나 살아가면서 이 정도의 과장된 이야기를 무의식중에 하고 있지 않을까.

"그 관리자의 얼굴을 상상하는 것만으로 소름이 돋고 구토가 나올 것 같아."
"차가 너무 막혀서 30분 동안 1센티미터도 나갈 수 없었다니까…."

현실적으로 관리자의 얼굴을 상상하는 것만으로 구토를 하는 사람은 없을 테고 30분 동안 도로 한복판에 멈춰서서 1센티미터도 움직일 수 없을 만큼 정체가 되는 일도 드물다. 하지만 그런 이야기를 듣고 있는 사람은 말도 되지 않는다고 생각하기보다는 상대방이 그 정도로 관리자를 싫어하고, 그 정도로 심하게 길이 정체되었을 거라고 실감을 한다.

이처럼 과장된 표현은 이야기를 재미있게 만들거나 충격 효과를 강화하기 위한 말하기 기술이다. 쉽게 말해 이야기의 맛을 살리는 조미료 같은 역할을 한다. 대표적으로 '머리끝까지 화가 치밀어 오르다'나 '피눈물을 흘리다' 같은 관용구를 떠올리면 된다. 현실적으로는 이뤄질 수 없는 현상에 빗대어 그만큼 분노하고 원통하다는 점을 극적으로 전달하려 비유적으로 표현하는 것이다. 대체로 이러한 과정과 비유의 표현은 이야기를 하는 사람도 듣는 사람도 받아들일 수 있는 수준일 때 효과적이다. 만약 받아들이는 쪽에서 오해를 할 수 있는 과격하고 혐오적인 표현이라면 평범하고 적당한 표현으로 대체하는 것이 좋다.

또 실제로는 자신이 본 것이 아니고 지인으로부터 들은 이야기를 마치 자신이 그 자리에 있었던 것처럼 이야기하는 경우도 있다. 그런 경우도 사실관계로 보면 거짓말에 해당한다. 하지만 이야기를 전달하려는 입장에서 보면 전혀 모르는 사람의 일보다는 당사자의 일인 것처럼 이야기하는 쪽이 더욱 생생하고 재미있게 들리기 마련이다.

> **"이건 친구에게서 들은 이야기인데…"**

대화의 당사자도 아닌 사람의 이야기를 꺼내는 것 자체가 대화의 집중도를 방해하는 요소다. 만약 서로를 잘 알고 있는 친구끼리의 대화에서는 진짜 같으면서 재미있는 이야기 쪽이 훨씬 대화 분위기를 살린다. 그래서 간혹 반드시 사실만을 전달해야 한다고 생각하는 고리타분한 사람일수록 오히려 재미없는 이야기를 하게 되고 공감을 얻지 못하는 때가 많다.

물론 이야기의 내용에 따라서 아무리 재미가 없어도 사실만을 전달해야 하는 경우도 있다. 재판에서의 심문 등이 전형적인 예다. 하지만 일상생활에서는 대화를 통해 서로에게 즐거움과 기쁨을 줄 수 있어야 한다. 간혹 허풍스런 표현이나 과장을 많이 하는 사람을 어린아이 같다고 평가하기도 하지만 화술을 가르치고 배우는 입장에서는 누군가에게 피해를 끼치는 것이 아니라 듣는 사람을 즐겁게 해주기 위한, 서비스 정신이 넘치는 사람이라고 볼 수 있다. 이러한 귀여운 거짓말이라면 충분히 용서받을 수 있다.

최고의 대화 상대가 되는 법

처음 만난 사이에서는 서로를 모르는 상황이므로 어떤 말을 먼저 꺼내야 할지 난감한 경우가 많다. 가뜩이나 대화에 대한 자신감이 없는 사람이 만난다면 더욱 그러할 것이다.

그럼 어떻게 해야 상대방과 자신의 불안감을 없앨 수 있을까. 보통 자신이 먼저 재미있는 이야기를 꺼내 분위기를 띄우는 것도 좋지만 상대방을 안정시켜 이야기를 하도록 유도하는 것도 효과적이다.

갑자기 상대방의 직업관을 묻는다거나 결혼관을 묻는 등 맞선을 보는 자리 같은 분위기를 만들면 괜스레 긴장만 더 키울 뿐이다. 이럴 때는 가급적 상대방이 자연스럽게 대답하기 쉬운 이야기부터 꺼내는 것이 좋다.

> "저는 요즘 체형 관리에 관심이 많은 편입니다. 그래서 PT를 받고 있습니다. 혹시 운동에 관심이 있으세요?"
> "○○ 씨는 무슨 음식을 좋아하십니까? 평소에 자주 이용하시는 식당은 어떤 음식점입니까?"

이처럼 자신의 기호나 신변의 일상적 이야기를 화제로 삼아 자신을 소개하면서 누구나 대답할 수 있는 간단한 질문을 던진다.

자신의 일상적 이야기를 먼저 꺼내야 하는 이유는 그 과정을 통해 조금이라도 더 자신에 대한 정보를 알려준다는 의미도 있지만 상대방이 대답하기 편하게 만들어준다는 배려 차원의 의미가 더 크다.

무의식중에 사람들은 상대방이 밝힌 정도의 이야기는 자신도 밝혀야 한다는 심리적 균형감에 지배당한다. 이러한 심리를 활용해 자신의 정보를 먼저 밝히고 은연중에 상대방의 정보도 알고 싶다는 식의 분위기를 만들어가는 것이다.

단, 자신의 취미나 전문적인 화제부터 꺼내는 방법은 권하고 싶지 않다. 예를 들어, 자신이 어린 시절부터 축구를 했었고, 스포츠 관람이 취미라는 점을 밝히고는 상대방에게 축구를 좋아하냐고 물었다고 가정해보자. 만약 이때 상대방이 자신은 스포츠에 큰 흥미가 없다고 단정지어 말해버리면 대화는 더 이상 진전되지 않고, 다시 새로운 화제를 찾아야 한다. 이것은 액셀러레이터를 밟으려다가 브레이크를 밟은 것과 비슷한 상황이다.

이렇게 순간적으로 대화가 단절되고 나면 그 후에 어떤 화제를 꺼내도 좀처럼 원만한 대화를 이어갈 수 없다. 또 첫 화제에서 대화가 막혀버리면 다음 화제를 꺼내기가 상당히 어렵다. 따라서 첫 만남에서의 기본 전략은 가급적 일상적인 이야기를 화제로 삼는 것이 좋다.

같은 취미가 있다면 자신들의 취미를 화제로 삼으면 되지만 처음 만난 경우에는 일단 눈앞에 놓여 있는 음식이나 공통적으로 알고 있는 지인 등 주변의 존재를 화제로 삼으면 서로 이미지를 떠올리기 쉽다. 그러면 상대방도 편하게 대답할 수 있을 뿐만 아니라 자신이 좋아하는 것들을 쉽게 꺼내어 자기소개를 하면서 화제의 폭을 넓혀갈 수 있다.

공통적으로 알고 있는 지인이 있다면 그를 이용하는 것이 가장 무난한 대화의 기술이다. 각계각층의 사람이 모이는 파티처럼 서로 아는 사람이 적은 자리에서는 공통적으로 알고 있는 지인이 있다는 것만으로도 상대방에게 친근감을 줄 수 있다. 그렇게 대화의 물꼬를 트게 되면 그 이후의 대화도 훨씬 편해진다.

대화를 이어가기 위해 무엇보다 중요한 것은 상대방이 대답하기 쉬운 화제를 꺼내는 것이다. 정치, 경제, 종교 등의 어려운 화제나 가정 환경 등의 사적이고 깊은 화젯거리는 자제해야 한다. 우선 자신이 가볍게 대화를 나눌 수 있는 상대라는 이미지를 전해주는 것이 폭넓은 대화로 이어질 수 있는 계기를 만들어준다.

제2부

말은 기술보다
마음의 문제다

"말해야 할 때와 침묵해야 할 때를
아는 것은 훌륭한 일이다."

_ 세네카

4장

같은 말도
단번에 꽂히게 만드는
말버릇 매뉴얼

대화의 흐름을 잡지 못하거나 상대방과의 대화에 어색하다면 우선 자신이 무슨 말을 해야 할지를 생각하는 것은 멈추자. 그리고 상대방의 반응을 살피면서 대화의 흐름에 맞추어 말하는 방법을 갖추도록 하자.

첫인상은 말투가 좌우한다

　상대방과의 첫 대면은 매우 중요하다고 생각한다. 업무 관계로 엮인 사람이든 취업 면접을 위해 마주한 면접관이든, 또는 남녀의 미팅이든 '무슨 이야기를 할 것인가?' 하는 부분을 누구나 신경 쓰게 된다. 특히 면접이나 미팅은 단 한 번 만에 결정을 하는 경우가 많기 때문에 세련된 말, 멋진 말, 재치 있는 말을 해야겠다는 생각에 자칫 의욕이 과해진다. 하지만 어느 설문 조사에 따르면 첫인상에서의 좋은 느낌이나 싫은 느낌은 '무엇을 이야기했는가'와는 크게 관계가 없다고 한다.

　첫 대면을 하는 사람들이 상대방에게 느끼는 첫인상

의 단서 중에 대화의 내용은 상대적으로 적다. 그보다는
외적인 면의 영향을 많이 받는 것으로 나타났다.

첫째, 용모, 패션 센스 등 순간적으로 눈에 들어오는 외모

둘째, 몸짓이나 표정 등을 포함한, 말을 할 때의 분위기

즉, 상대방이 자신에 대해 가지는 인상은 '무슨 이야기
를 했는가'보다는 '이야기를 할 때의 분위기'에 의해 대부
분 결정 난다는 것이다. 실제로 우리는 대수롭지 않은 대
화를 나누면서도 상대방의 표정, 말투나 목소리에서 그
사람의 능력이나 성격까지 읽어낸다.

"이런 식으로 이해하기 쉽게 설명할 수 있다니, 이 사람은
머리가 정말 좋은 사람이야."

"말이 너무 빠르네. 혹시 덤벙거리는 성격이 아닐까."

게다가 대화의 내용에 대한 기억이 어슴푸레해서 하룻밤 자고 나면 지난날에 무슨 이야기를 했는지, 어떤 결론을 냈는지조차 잊어버리는 경우도 있다. 또 기분 나쁜 관리자에게 질책을 들었을 때에는 그의 화난 목소리와 얼굴 표정만 인상에 남는 것이 보통이다. 그래서 자신이 어떤 경고를 들었고, 무엇을 조심하라고 했는지에 대한 내용은 제대로 기억나지 않는 사람들이 많은 것도 그 때문이다.

이렇듯 눈이나 귀를 통해 받아들이는 외적인 정보는 보고 듣고 느끼는 감각을 통해 수용하게 되므로 아무런 저항 없이 받아들이게 된다. 따라서 이야기의 내용보다 더 오래 남을 수밖에 없다. 만약 상대방이 전하는 말의 내용을 이해하려면 우리의 두뇌를 회전시켜야 한다. 그만큼 에너지도 필요하다. 또 상대방의 말에 화답해 고개를 끄덕이거나 맞장구를 넣기도 하면서도 무의식중에 듣기 거북하거나 귀찮은 경우를 피해가기도 한다. 그것이 이야기의 내용은 그다지 첫인상에 남지 않는 이유다.

아나운서의 말투, 일반인의 말투

　'무엇을 이야기하는가'보다 '어떻게 이야기하는가'를 파악하려면 자신의 '말버릇'부터 점검해야 한다. 우리는 상대방의 말버릇은 즉시 평가하고 판단하지만 정작 자신의 말버릇에는 관심이 없다.

　자신이 자각하지 못한 말투 때문에 상대방으로부터 나쁜 평가를 받거나 문제가 있는 사람으로 취급되면 그것만으로도 이미 커다란 손해다. 누구나 자신만의 말버릇이 있다. 그렇다면 상대방이 편안하게 받아들일 만해 자신에게 이득이 되는 말버릇을 갖춰야 한다.

　만약 자신에게는 특별한 말버릇이 없다고 생각하는

사람이 있다면 주의해야 한다. 단순히 말버릇에 대한 자각이 없을 뿐 사람들과 대화를 할 때마다 알게 모르게 손해 보는 말버릇을 구사할 가능성이 높기 때문이다.

> "일이 뜻대로 진행되지 않는다."
> "인간관계가 원만하지 않다."
> "면접을 보면 늘 탈락이다."
> "미팅을 하면 좋은 결과가 나오지 않는다."

물론 말버릇이 개인의 개성으로서 높은 평가를 얻는다면 이득을 보는 말버릇이다. 하지만 대체로 사람들과의 대화 이후에 얻는 결과가 나쁘다면 말버릇 때문일 가능성이 높다. 앞서도 설명했지만 극단적으로 말해 이야기의 내용은 무엇이든 상관이 없다. 문제는 자신이 어떤 말버릇을 구사하고 있는가에 관한 것이다.

그런가 하면 뉴스를 읽는 아나운서처럼 사투리도 쓰지 않는 완벽한 말투가 오히려 주변 사람들을 거북하게 만드는 경우도 있다. 하지만 아나운서는 직업의 특성상 여러 가지 훈련을 받은 결과 간결하고 날카로운 말투를 사용한다. 즉, 자신들의 인품이나 성격을 반영한 말투가 아니다. 특히 뉴스 보도 프로그램에서는 사실을 정확하게 전달하는 것이 전제 조건이다. 개인의 감정이나 사투리 같은 말버릇은 극도로 배제하고 모든 사람들이 알아들을 수 있도록 말을 해야 하는 직업이 바로 아나운서다.

또 말을 하는 속도가 너무 빨라도 문제다. 말이 너무 빠르면 무슨 말을 하고 있는지 이해하기 어렵고 너무 느리면 그 역시 의미를 파악하기 어렵다. 과거에는 1분에 300~350개 정도의 단어를 말하는 것이 이상적인 속도라고 여겨졌지만 점점 더 정보가 넘쳐나고 빠르게 변화하는 시대로 접어들면서 현재는 400개 수준으로 올라갔다. 실제로 시험해보면 알 수 있지만 이 정도도 일반적인 대화에서는 상당히 느린 속도다.

평소 자신이 말하는 속도를 점검하는 습관을 갖는 것이 좋다. 사람은 누구나 하고 싶은 말이 많아질 때 자기도 모르게 말이 빨라진다. 일종의 흥분 상태에 있을 때나 누군가를 비난할 때나 한없이 즐거울 때도 말이 빨라진다. 하지만 자신의 빠른 말투가 상대방에게 어떤 인상을 주는가를 늘 신경 쓰며 말투를 관리한다면 좋은 인상을 유지할 수 있을 것이다.

상대의 마음을 알려면 말의 속도를 확인하라

　말하는 속도는 대화에 있어서 매우 중요한 요소다. 상대방이 자신의 이야기를 귀담아듣기를 바라는 만큼 말하는 사람의 심리는 초조해지기 마련이다. 그러면 자연스럽게 말이 빨라지곤 한다. 듣는 사람 입장에서 보면 그저 제대로 알아듣기 어려운 대화가 이어질 뿐이므로 말하는 사람의 의도와는 달리 역효과만 남는다. 자신이 말하려고 하는 내용이 중요하고 가치 있을수록 천천히 말하면 설득력이 높아지고, 듣는 사람을 배려한다는 인상도 줄 수 있다.

> "말은 잘하는 것 같은데 무슨 내용인지 알아들을 수가 없어."
> "자기 혼자 떠들어대고 내 말에는 귀를 기울이지 않아."

늘 기관총을 쏘듯 빠르게 말하는 유형의 사람은 전달하고자 하는 말의 양에 비해 주변 사람들로부터 낮은 평가를 받는다. 더 나아가 말이 너무 많아서 시끄러운 사람이라는 인상을 주게 된다. 심지어 알아듣기 어려운 말투를 태연히 구사하기 때문에 배려가 없는 사람이라는 부정적인 이미지도 생긴다.

누구나 흥분 상태나 긴급 상황일 때는 평소보다 말의 속도가 빨라지는 경향이 있다. 그러면 상대방도 대부분은 무슨 일이 있는 것은 아닌지 걱정돼 함께 긴장을 한다. 예능 프로그램의 사회자가 뉴스 보도 프로그램의 아나운서보다 훨씬 더 빠른 속도로 말을 하는 것도 시청자의 주의를 끌고 흥미를 이끌어내기 위해서다.

따라서 일상생활에서 늘 빠른 말투를 구사하는 사람

은 주변 사람을 불안하게 만드는 시끄러운 사람 취급을 받을 뿐이다. 한번 시끄러운 사람으로 취급당하고 나면 자신이 정말 중요한 이야기나 긴급한 용건을 이야기하려 해도 또 쓸데없는 이야기를 하려 한다는 식으로 무시당할 수 있다.

일본의 방송인 구메 히로시久米宏나 구로야나기 데쓰코黑柳徹子도 말이 빠르기로 유명하다. 하지만 그들의 말투는 방송 시간 내에 더 많은 정보를 전달하려는 마음을 표현하기 위해 보여주는 행동이다. 그런 만큼 말이 빠르면서도 표현도 정확하고 재미까지 갖춘 화술을 구사한다. 만약 보통 사람이 이와 비슷한 수준의 말투를 갖추려면 굉장한 노력을 해야 할 것이다.

이처럼 말을 전문으로 하는 사람이 아니라면, 대체로 말투가 빠른 사람은 자신의 의도와는 별개로 상대방에게 좋지 않은 인상을 주는 경우가 많다. 따라서 한껏 안정되고 여유 있는 속도로 편안하게 말을 건넬 때 주변 사람들로부터 신뢰감을 얻고 친밀감도 유지할 수 있다.

상황에 따라 바꿔야 하는 말의 속도

말투가 빠른 사람은 초조하고 신경질적인 사람으로 비치기 쉽다. 말이 빠르면 일을 잘한다는 인상을 주는 경우도 있지만 자칫 상스럽다는 인상을 주기도 한다. 만약 관리자가 상대방이 말할 기회조차 없을 만큼 빠른 말투로 지시를 내린다면 그를 상대하는 부하 직원은 초조함과 성급함에 완전히 위축돼버린다. 반면 말이 느린 사람은 여유가 있고 심사숙고하는 유형이라는 인상을 주기 쉽다.

물론 지나치게 느린 말투를 구사한다면 둔하고 두뇌 회전이 느리다는 식의 부정적 이미지를 주기도 한다. 그럼에도 지나치게 빠른 말투를 구사하는 사람보다는 사람이 좋아 보이고 성실하다는 느낌을 준다는 면에서 긍정적 측면이 있다.

하지만 관리자로서는 말투가 느리고 빠른 쪽 중 어느 쪽이 더 낫다고 단정하기 어렵다. 관리자의 자질은 일상생활 속에서 구사하는 말투가 빠르고 느린가보다 업무 상황이나 상대방에 따라 적절한 말투를 구사할 수 있는가의 여부가 더욱 중요한 자질이기 때문이다.

앞서도 말했듯 업무와 관련된 이야기를 할 때 지나치게 빠른 말투를 구사한다면 부하 직원은 당황하고 압박감을 느껴 일을 제대로 처리하지 못해 정체될 우려가 있다. 더욱이 바쁘고 시간이 없을 때 지나치게 느린 말투로 지시를 내린다면 부하 직원은 답답하고 초조함을 느낄 것이다.

업무를 떠나 사석에서도 마찬가지다. 모든 사람이 한껏 들떠 목소리도 높아지고 말도 빠르게 오가는 자리에 어울리지 않게 분명하게 의사를 밝히지도 못하고 느릿한 말투를 구사한다면 아무도 귀를 기울이지 않는다. 시간, 장소, 상황에 맞게 말투를 바꾸는 능력, 특히 말의 속도를 바꾸는 능력은 관리자에게 반드시 필요하다. 부하 직원도 마찬가지다.

물론 예외적인 곳도 있다. 병원에서는 간호사가 의사에게 보고할 때, 환자나 가족 앞에서 이야기할 때 아무리 긴급한 일이라고 해도 들뜬 목소리나 다급한 말투로 말해서는 안 된다고 교육한다. 병원처럼 사람의 생명을 다루는 특수한 환경에서는 빠른 말투가 곧 긴급 사태를 의미한다. 만약 간호사가 초조한 인상을 풍긴다면 환자는 자신에게 큰일이 일어난 것은 아닌지 의심하며 불안해할지도 모른다.

만약 자신이 빠른 말투로 이야기하는 사람인지 느릿한 말투로 이야기하는 사람인지를 파악했다면, 자신이 속한 조직이나 상황에 맞게 적절한 속도로 말할 수 있도록 연습하는 것이 바람직하다.

자기주장이 강한 사람의 목소리

 말이 빠른 사람은 상대방이 자신의 이야기에 귀를 기울이도록 만들고 싶다는 심리가 강하다. 이와 비슷하게 그 자리에 어울리지 않을 정도로 큰 소리로 이야기하는 사람 역시 자신에게 집중하길 바라는 심리가 있다.

"내 이야기에 집중해줬으면 좋겠어."
"내가 여기 있다는 사실을 알아주면 좋겠어."

이러한 잠재의식에는 큰 목소리로 표현하지 않으면 자신의 주장이 통하지 않을지도 모른다거나 자신이 무시당하고 있지 않을까 하는 불안감이 감춰져 있다. 즉, 지나치게 큰 목소리로 이야기하는 사람이나 화를 내듯 이야기하는 사람은 자기주장이 강해 보여도 사실은 소심하고 사람들의 시선에 신경을 많이 쓰는 사람이다.

> 큰일도 아닌데 툭 하면 화를 내는 상사
>
> 회식 때 다른 자리까지 들리게 크게 말하는 선배
>
> "뭐야! 정말 귀엽다!"처럼 과장되게 반응하는 여성

물론 목소리의 크고 작음에는 타고난 개인차가 있기 마련이다. 단순히 목소리가 큰 사람을 자기주장은 강하지만 소심한 사람이라고 단정할 수 없는 이유다.

간혹 관리자에게 질책을 듣거나 주변으로부터 곱지 않은 시선을 받으면 평소의 소란스러운 태도를 거짓말처럼 감추고 마치 주눅 든 듯 침울한 모습을 보이는 사람들

이 있다. 이러한 현상은 우리 모두의 마음속에 막연하게 남아 있는 자신감 부족, 그리고 주변 평가에 대한 민감한 반응이라는 불안감 때문에 발생한다.

자신이 사과를 하거나 이유를 설명해야 하는 힘든 상황에 놓이면 주눅 든 것처럼 목소리가 작아지지만 자신이 눈에 띄고 싶은 상황에서 목소리가 유난히 커지는 사람은 분명 자기주장은 강하지만 소심한 사람이다. 또 목소리뿐만 아니라 몸짓이나 손짓 등 동작이 큰 사람도 역시 자기주장이 강한 성격이다.

목소리가 큰 사람은 자신이 은연중에 상대방에게 강요를 하고 있다는 생각을 하지 못한다. 정작 자신은 상냥하고 부드럽게 말을 하고 있다고 생각하는 경우도 있다. 큰 목소리를 타고난 사람이라면 주변 사람들의 반응을 잘 살펴 혹시 남들에게 자신이 압박감을 주고 있는 것은 아닌지 점검할 필요가 있다.

신뢰감을 높이는 낮은 목소리

목소리의 톤이 올라가 있는 사람과 목소리 톤이 내려가 있는 사람이 함께 대화를 나누고 있다고 생각해보자. 각자의 목소리 톤에 따라 결정되는 사람의 인상에는 큰 차이가 있다. 목소리 톤이 올라간 사람에 대한 이미지는 일반적으로 '기운이 넘친다', '밝다', '애교가 있다', '능동적이다', '여성스럽다', '아이 같다', '시끄럽다', '안정감이 없다', '신경질적이다' 등이다.

일반적으로 남성보다 여성의 목소리 톤이 높아 멀리서도 잘 들리는 편이다. 음색이 높고 멀리서도 잘 들리는 목소리를 가진 이유를 진화적 측면에서 보는 사람들도 있다. 위험에 처한 여성이 도움을 요청할 때 멀리까지 목소리가 잘 전달되고 자기방어에 도움이 되기 때문이라는 설이다. 드넓은 하늘을 날아다니는 새나 육식동물의 먹잇감이 되는 초식동물의 울음소리가 톤이 높은 것과 비슷한 해석이다.

이러한 여성의 높은 목소리 톤은 발랄한 젊음을 느끼게 하는 부분이 많이 있다. 하지만 목소리가 지나치게 높아 귀를 찌르는 듯하면 머릿속이 울릴 정도로 시끄럽게 느껴질 때가 있다. 즉, 똑같은 목소리의 톤일지라도 긍정적인 이미지에서 부정적인 이미지까지 받아들이게 되는 인상의 폭이 매우 넓다. 남성의 입장에서 보면 '발랄하다', '밝다'는 긍정적인 이미지와 함께 '안정감이 없다', '귀에 거슬린다'는 부정적인 이미지를 함께 느낄 수 있다. 즉, 여성의 높은 목소리 톤에 대해 본능적으로 사랑을 느끼는 사람이 있는가 하면, 비상 상황에 도움을 요청하는 듯한 목소리 톤으로 받아들여 이내 지쳐버리는 사람도 있다.

한편, 목소리 톤이 낮은 사람에 대한 이미지는 '남성적이다', '경륜이 있다', '안정적이다', '신뢰가 간다', '지적이다', '어둡다', '위압적이다' 등이다. 앞서 동물학적인 분석을 빌려 말하자면 늑대나 개가 상대를 위협할 때에 낮은 목소리로 으르렁대는 모습을 상상하면 이해하기 쉽다. 인간도 상대방을 위협할 때에는 높은 목소리로 소리를 지르는 것보다 낮은 목소리로 압박을 가하는 쪽이 더 큰 두려움을 느끼게 한다.

목소리의 높고 낮음이 상대방의 심리에 어떤 영향을 끼치는지를 알아두면 상황에 맞춰 효과적으로 목소리를 활용할 수 있다. 예를 들어, 거래처 등에서 신뢰감이나 경험을 호소할 때는 일부러 목소리를 낮추고 말하는 속도도 느릿하게 유지하면 상대방을 이해시키기 쉽고 여유 있는 태도를 연출할 수 있다.

반대로 사적인 장소에서 이성과 친해지고 싶을 때는 밝은 느낌을 줄 수 있도록 약간 목소리의 톤을 높여 말하는 쪽이 효과적이다. 원래 누구나 좋아하는 사람 앞에서는 목소리가 조금 들뜨기 마련이다. 평소보다 의식적으로 약간 높은 목소리 톤을 구사함으로써 상대방에 대한 호감을 표시할 수 있다. 하지만 목소리 톤이 원래 높은 사람이 더 높이면 너무 강렬한 인상을 연출하게 돼 상대방에게 불쾌감을 줄 수 있으니 주의해야 한다.

듣는 사람의 주의를 집중시키는 억양

대화를 할 때 억양은 동음이의어를 구별하거나 문장의 흐름이나 지시어를 명확하게 전달하기 위해 꼭 필요한 요소다. 자신이 강조하고 싶은 말에 의식적으로 힘을 주어 말하는 경우도 억양에 포함된다. 즉, 억양에는 상대방에게 자신의 말을 좀 더 정확하게 이해하기를 바란다거나 자신의 의도를 확실하게 전달하고 싶다는 의미가 담겨 있다. 또한 목소리의 톤과 더불어 억양을 어떻게 사용하는지에 따라 '지적이다', '상냥하다', '냉정하다' 같은 인상이 결정된다.

억양이 분명하면 자신이 하고자 하는 말을 이해시키

기 쉽고 이야기의 흐름도 순조롭게 만든다. 이것은 일류 배우나 라쿠고가(落語家; 라쿠고는 우습고 재미있는 이야기로 관객들을 즐겁게 만들어주는 일본의 전통적인 이야기 예술이다. 라쿠고를 구사하는 사람을 라쿠고가라고 말한다. 만담가로 이해하면 된다. 라쿠고가는 기모노를 입고 방석에 앉아 부채나 수건을 이용해 해학적인 이야기를 늘어놓는다. — 옮긴이)가 하는 말을 듣고 있으면 쉽게 이해되는 원리와 같다. 반면 억양이 전혀 없고 마치 책을 읽는 듯한 말투로 이야기하면 내용을 이해하기 어려울 뿐만 아니라 상대방이 무슨 말을 하고 싶은 것인지, 그 의도를 읽어내는 것조차 어렵다.

자신이 전달하고 싶은 내용이나 상황에 맞춰 억양이나 속도를 자유롭게 구사할 수 있는 사람이 말을 잘하는 사람이다. 그런 사람의 말을 듣고 있으면 자신도 모르는 사이에 빨려들어간다. 말 자체를 이해하기 쉽고 재미있게 전달하기 때문에 '머리가 좋은 사람', '배려심이 있는 상냥한 사람', '함께 대화를 나누면 즐거운 사람'이라는 이미지를 얻게 된다.

한편, 아무런 억양도 없고 소곤거리듯 말하는 사람은 독선적이고 냉정한 사람이라는 인상을 준다. 최근 스마

트폰의 메신저 앱이나 소셜 미디어로 의사소통하는 시간이 점점 늘어나면서 일상생활 속 대화의 기회가 줄어든 사람들에게서 억양의 문제점을 많이 발견한다. 자신이 전달하고자 하는 의미와는 전혀 어울리지 않는 식으로 억양을 올리는 것이다.

> "나, 내일 아르바이트다!"
>
> "남자 친구가 기다린대!"

원래 종결어미를 올리는 억양은 "○○입니까?"라는 의문문이나 "○○이지요?"처럼 상대방에게 질문을 하는 말, "○○하시겠습니까?"처럼 상대방의 의향을 묻는 말, "○○해도 되겠습니까?"처럼 상대방의 허가를 구하는 말에 주로 사용한다.

말의 내용과 관련 없이 종결어미를 올리는 화법은 자신감이 없다는 인상, 상대방에게 의지하고 응석을 부리는 듯한 인상을 준다. 억양 하나 때문에 '아이 같다', '믿음직스럽지 못하다', '본인의 의견이 없다'는 이미지를 줄 수 있다는 말이다. 친구들끼리의 사적인 대화라면 몰라도 회사나 업무 장소에서는 피해야 할 습관이다.

말 없이도 대화를 유지할 수 있는 눈빛

　누구나 대화를 하다 보면 상대방이 자신을 어떻게 생각하고 있을지에 대해 신경을 쓴다. 앞서 목소리의 톤, 억양 등이 상대방에게 주는 자신의 인상을 결정하는 중요한 요인이라는 것에 대해 설명했다. 거기에 하나 더 덧붙인다면, 말할 때의 시선이나 표정, 몸짓에 의해서도 자신의 이미지는 완전히 바뀔 수 있다는 점이다.

　예를 들어, 업무차 거래처에 갈 일이 있다고 생각해보자. 거래처의 직원이 "어서 오십시오. 환영합니다!"라고 인사는 하지만 상대방의 눈을 정면으로 바라보지 않고 고개를 돌리고 다른 곳을 바라보고 있다면 정말 그 사람

이 자신을 환영해주고 있는 것인지 의문이 들면서 불쾌
감을 느끼게 된다.

> "이 사람은 내 이야기에 귀를 기울이고 있는 것 같지 않
> 아. 뭔가 숨기고 싶은 것이 있는 것 아닐까?"

눈은 입만큼 많은 이야기를 한다는 말이 있다. 시선은
대화할 때 매우 중요한 의사소통의 도구이며 시선이나
눈빛 때문에 말과는 다른 인상을 주거나 오해를 불러일
으키는 경우가 많다. 대화를 할 때뿐만 아니라 상대방의
눈을 바라보는 행위에는 많은 의미가 담겨 있다.

눈빛에는 여러 의미가 담길 수 있다. 눈을 바라보고 이
야기하는 행위에 포함된 네 가지 대표적 의미 덕분에 자
신의 인상은 더욱 강해지고 호감도도 상승한다. 상대방
이 네 가지 의미 중에서 어떤 의도를 갖고 있는지는 그가
자신과 시선을 맞추는 빈도나 대화 중에 내비치는 미소
등의 표정을 통해 살필 수 있다.

첫째, "당신의 이야기를 확실하게 듣고 있습니다/존중합니다."

둘째, "당신(당신의 이야기)에게 흥미/관심이 있습니다."

셋째, "당신(당신의 이야기)에게 동의/찬성합니다."

넷째, "당신에게 호감을 가지고 있습니다."

물론, 상대방도 마찬가지로 우리의 시선이나 표정을 통해 자신에 대한 인상과 평가의 방향을 살피고 있다. 따라서 처음 만나는 사람이라면 인사를 할 때 확실하게 상대방의 눈을 보고 첫 번째나 두 번째 메시지를 전달해야 한다. 그와 동시에 미소를 지어 보이고 자신은 상대방에게 적대감이 없다는 분위기까지 이끌어낼 수 있다면 첫인상으로서는 합격이다.

상대방을 바라보는 시선을 주의하라

상대방의 눈을 똑바로 바라보고 말하는 사람은 사교적이고 외향적인 성격을 가진 사람이라고 한다. 이런 사람은 사생활에서는 친구가 많고 처음 대하는 사람과도 즉시 허물없이 친해질 수 있으며 일에서도 대외적인 인간관계가 능숙한 사람, 일을 잘하는 사람이라고 인정받을 수 있다.

단, 상대방의 눈을 바라본다는 행위에는 남녀의 차이가 있어서 일반적으로 남성보다 여성 쪽이 대화 중에 상대방의 눈을 바라보는 빈도나 시간이 많다. 남성의 경우에는 여성의 얼굴이나 눈을 똑바로 바라보는 행위를 쑥스러워하거나 실례일지도 모른다는 생각에 조심하기도 한다. 또는 적대감을 가지고 있다는 느낌을 주지 않도록 가급적 눈을 마주치지 않으려 주의하는 남성도 있다.

확실히 시선을 맞춘다는 행위는 호감을 나타내는 신호다. 하지만 동물이 서로 위협을 할 때 바라보는 것처럼 적대적인 행위도 될 수 있다. 때에 따라서는 본능적으로 자신의 연인과 눈을 마주치는 상대 남성에 대한 경계심이 강하게 작용하는 경우도 있을지 모른다.

이런 배경 때문에 상대방의 눈을 바라보고 이야기하는 것이 좋다고 해도 너무 오랜 시간 동안 상대방의 눈을 응시하는 것은 위압적 인상을 주기도 한다. 심한 경우에는 역효과를 맞기도 한다. 상대방이 남성이라면 길게는 한 번에 3초 정도, 여성이라면 4초 정도가 적당하다. 또 눈을 마주치면서 자신이 말할 때에는 적당히, 상대방이 말할 때에는 약간 더 길게 바라본다면 상대방에 대한 관심을 너무 인색하지도 않고, 너무 과하지도 않게 유지하면서 대화에 집중하고 있다는 메시지를 전달하는 효과도 있다.

어쨌든 상대방의 눈을 바라보는 문제에 대해서는 남

녀 간에 차이가 존재한다는 점을 기억해두기 바란다. 간혹 자신이 좋아하는 남성이 자신을 바라보지 않는다는 것에 대해 불안해하는 여성들도 있다.

> "내가 이렇게 사랑한다는 신호를 보내고 있는데 그는 전혀 반응을 보이지 않아. 나를 아무렇지 않게 생각하는 것일까?"

어쩌면 상대 남성이 다른 사람보다 쑥스러움을 잘 타거나 상대방의 눈을 바라보는 데 익숙하지 않기 때문일 수 있으니 너무 걱정하지 않아도 된다.

> "혹시 이 사람이 내게 관심이 있는 것일까…?"

반대로 남성 입장에서는 여성이 자신의 눈을 똑바로

바라보며 이야기를 한다고 해서 섣불리 판단해서는 안 된다. 여성이 상대방의 눈을 바라보며 대화하는 것은 흔한 일이다. 자신이 특별한 존재라서가 아니다. 여성이 누군가에게 호감을 가지고 있는지를 보려면 시선뿐만 아니라 다른 행동을 종합해 판단해야 한다.

말보다 글에 익숙한 사람들이 놓치는 화술

정말 시대가 바뀐 것일까. 요즘 사람들을 보면 상대방의 눈을 바라보면서 말하는 경우가 줄어들었다. 어쩌면 휴대전화나 소셜 미디어 같은 문자 기반의 소통 수단에 익숙해져 사람을 상대로 대화할 기회가 줄어들었기 때문인지도 모른다.

업무적으로 활용하는 메일의 경우에는 자신이 어떤 말을 할 때, 즉 키보드로 문자를 입력할 때 상대방의 반응을 하나하나 살필 일 자체가 없다. 일단 문장을 작성하고 송신하고 나면 답장이 오기 전까지는 상대방의 기분을 알 수도 없고 상상할 수도 없다.

편지도 상대방의 반응을 즉시 알 수 없다는 의미에서는 마찬가지다. 하지만 편지에는 편지만의 규칙이 있어서 단순히 용건만 작성하는 것이 아니라 인사에서 안부, 본론, 맺음말, 인사 등 일련의 흐름이 있다. 그리고 눈앞에 상대방이 존재하지 않는 만큼 편지가 도달할 때까지의 시간과 상대방을 배려하는 서식이 분명하게 확립돼 있다.

하지만 오늘날의 휴대전화나 소셜 미디어를 비롯한 이메일에서는 편지 같은 번거로운 서식은 사라지고 자신이 하고 싶은 말만 단도직입적으로 전달하는 방식이 주를 이룬다.

그래서인지 소셜 미디어나 메일을 통해 일상적인 대화를 나누는 기분으로 응답을 주고받다 보면 별것 아닌 말투가 상대방의 감정을 상하게 하거나 기분을 나쁘게 만들 수가 있다. 심지어 자신이 어떤 부분에서 잘못을 했는지 깨닫지 못하는 경우도 많다. 상대방의 표정이나 몸짓을 읽을 수 없다는 조건에는 이런 위험이 도사리고 있다.

실제 대화에서는 말하고 있는 도중에 상대방의 표정을 보고 어떤 식으로 받아들이고 있는지 살필 수 있기 때문에, 그 자리에서 즉시 실수를 조정할 수 있어 오해를 받는 경우도 적다.

> "아, 지금 한 말은 실례일 수도 있겠네요."
> "지금 한 말은 오해할 수 있으니까 좀 덧붙인다면…."

대화에서는 만약 상대방의 말을 못 들었더라도 그 자리에서 사과를 하고 웃으며 끝낼 수 있는 문제도 휴대전화나 이메일인 경우에는 오해로 남을 수 있다.

만약 소셜 미디어나 이메일에 익숙해져버리면 사람과 사람이 만나 나누는 생생한 대화뿐만 아니라 그 자리의 분위기나 서로의 호흡을 읽지 못한다. 그로 인해 자기도 모르게 말을 일방적으로 늘어놓거나 조심성이 없는 말투가 버릇이 돼버릴 위험성도 있다.

소셜 미디어나 이메일은 충분한 시간을 들여 정성스럽게 문장을 작성할 수 있지만 생생한 대화에서는 타이밍이나 흐름이 있기 때문에 자기 흐름에만 맞춰서 말을 하면 안 된다. 온라인에 글을 쓰는 흐름에 익숙해진 탓에 상대방을 직접 만나 대화를 나눌 때조차 자기도 모르는 사이에 혼자 이야기하고 있거나 상대방을 불쾌하게 만드는 실수를 저지를 가능성이 높다.

또 상대방의 반응을 보지 않고 자신의 말만 하는 식의 글쓰기에 익숙해지면, 생생한 대화의 감각이 둔해질 수 있다. 대화의 상대가 하는 말을 제대로 듣지도 않고 자신이 말할 기회만 호시탐탐 노리느라 초조한 나머지 쓸데없는 말을 하거나 오해를 부르는 표현을 내뱉기도 한다.

만약 온라인에서 글쓰기에 익숙해진 나머지, 자신이 대화의 흐름을 잡지 못하거나 상대방과의 대화에 어색하다면 우선 자신이 무슨 말을 해야 할지를 생각하는 것은 멈추자. 그리고 상대방의 반응을 살피면서 대화의 흐름에 맞추어 말하는 방법을 갖추도록 하자.

자신감이 없다면 단정적인 어미를 사용하라

대화를 하다 보면 소곤거리듯 말하는 것은 아니지만 말을 마무리하는 시점에 우물거리듯 발음이 정확하지 않거나 종결어미가 사라지듯 기어들어가는 말투로 말하는 사람이 있다.

문장의 끝에 술어가 오는 언어를 사용하는 언어권에서는 종결어미가 애매하면 긍정인지 부정인지 쉽게 알 수 없다. 아마 말하는 사람도 자신의 의견에 확신이 없어서 주변 사람들의 표정을 살피며 결론을 내리려 하기 때문에 이런 말버릇이 생긴 것일 수 있다.

문장의 마지막 부분을 "~입니다.", "~라고 생각합니다.", "~라고는 생각하지 않습니다."라고 명확하게 말하는 것이 아니라 "~가 아닐까요?", "~라는 뜻이지요?"라는 식으로 듣는 사람에게 질문하듯이 말하는 사람은 자신의 의견을 분명하게 말하지 못하고 주변 사람들의 눈치를 보는 책임 회피형 성격이다. 앞서 종결어미를 올리는 말투는 주변 사람들에게 의존하고 응석을 부리는 어린아이 같은 말투라고 설명했는데 이와 비슷하다.

회의석상 등에서 이런 식의 어색한 말투를 듣게 되는 경우가 종종 있다. 공적인 자리에서는 일단 업무적으로 해야 하는 의견들을 제시하고 얼른 이 자리를 마무리하자는 마음이 앞설 것이다. 하지만 매번 그런 식으로 행동한다면 사람들은 결국 아무런 의견이 없다는 것을 눈치챌 것이다. 결국 자신의 의견을 분명하게 밝히라는 추궁을 당하는 상황까지도 연출될 수 있다.

"결국 무슨 말을 하고 싶은 거야? 찬성이야, 반대야?"

이처럼 눈속임성 발언은 그 순간을 모면하기 위한 임시방편이 될 수는 있다. 하지만 그 순간을 잘 넘겼다는 기분을 느끼게 돼 점차 습관화될 우려가 있기 때문에 주의해야 한다. 만약 어떤 의견을 내는 데 자신감이 없다면 미리 자신의 입장을 밝히고 솔직한 생각을 이야기하는 쪽이 주변 사람들의 오해를 부르지 않는 방법이다.

> **"저는 확신하는 것은 아니지만 지금까지의 의견을 종합해서 생각해보면, ○○가 아닐까 하는 생각이 듭니다."**

또 굳이 단정을 짓고 싶지 않은 경우에는 자신의 책임을 회피하는 말투도 있다.

> **"현 단계에서는 ○○라고 생각합니다만, 아직 예단을 내리기는 어려운 상황이라고 생각합니다."**

이런 경우에는 특별한 의견을 개진한 것은 아니지만, 아직 예단하기 어렵다는 의견을 확실하게 표현하고 있기 때문에 더 이상의 추궁은 당하지 않는다. 정치가가 언론의 추궁을 피하는 애매한 답변 같지만 어미를 흐리며 자신감 없는 말투를 사용해 신뢰를 잃는 것보다는 낫다.

그런가 하면 평소에는 말투가 또렷하고 의미가 분명한 언어를 써서 매우 활발하고 적극적으로 보였던 사람이 정작 중요한 순간에 다른 모습을 보이기도 한다. 막상 회의에 들어가면 꿔다 놓은 보릿자루처럼 아무 말도 못하고, 무슨 말을 하고 있는지 알아들을 수 없을 정도로 소곤거리듯 말하는 경우가 있다.

"기본적으로는 반대이지만 만약 ○○의 조건이 갖추어진다면 찬성입니다."

"현 단계에서는 판단하기 어렵습니다만 가령 △△의 불안 요인이 제거된다면….."

아마도 회의에 필요한 발언 방법에 익숙하지 않기 때문일 것이다. 평소와 달리 공식적인 자리에서 말을 제대로 꺼내지 못한다면, '만약', '가령'이라는 표현을 적극적으로 활용해야 한다.

'만약', '가령'을 사용해 말한다면 어느 정도 자극적인 의견도 편하게 말할 수 있다. 앞서도 설명했지만 중요한 것은 말의 내용보다 말투다. 부디 자신의 호감도를 높일 수 있는 말투를 적절히 잘 활용하기 바란다.

5장

속마음을
잘 들키는 사람을 위한
말버릇 매뉴얼

}

말은 최면을 거는 주문과도 비슷한 면이 있다. 부정적인 말만 사용하는 사람은 부정적인 인생을 살고, 긍정적인 말을 사용하는 사람은 긍정적인 인생을 산다. 말에는 그만큼 강력한 힘이 있다. 어느 쪽이 이득인지는 굳이 생각해볼 필요도 없다.

자신만 몰랐던 쓸데없는 말버릇 깨닫기

사람마다 고유한 버릇을 가지고 있지만 자신의 버릇은 자신이 가장 모른다는 말이 있다. 그중에서도 전혀 의식하지 못한 채 사용하는 것이 말버릇이다. 아나운서나 행사를 진행하는 사회자처럼 말하는 것을 직업으로 삼는 전문가들은 신입 사원 때 자신의 말을 녹음해 나중에 들어보는 훈련을 한다. 대부분 자신이 말하는 것을 듣다가 자신도 몰랐던 말버릇을 깨닫고는 한없이 부끄러워하거나 자기혐오에 빠진다고 한다.

자신은 상당히 유창하게 말하고 있다고 생각했는데 목소리가 작아 전혀 알아듣지 못한다거나 억양이나 음절을 확실하게 구별하지 않아 의미를 이해하기 어려웠다는 반응이 가장 많다. 그리고 자신이 상당히 명료하게 말하고 있다고 생각했지만, 나중에 들어보니 마치 혼잣말을 하듯 그 의미를 이해하기 어려웠다는 반응도 상당했다.

말하는 사람과 듣는 사람 사이에 이 정도로 심각한 의식의 장벽이 존재한다는 사실에 놀라지 않을 수 없다. 그러한 의식의 장벽 중 대표적인 것이 목소리의 질적 차이다. 녹음된 자신의 목소리를 들어보면 깜짝 놀라며 자신의 목소리 같지 않다고 말하는 사람이 많다.

말하는 것을 직업으로 삼으려는 사람조차 말하는 입장과 듣는 입장에 따라 자신의 말에서 느끼는 이미지가 다른데, 평범한 사람들은 오죽하겠는가. 어쩌면 자신이 하고 싶은 말의 절반도 제대로 전달하지 못하고 있을 수도 있다.

물론 사람들 앞에서 연설할 때처럼 긴장이 되는 상황에서는 말이 어색하더라도 너그럽게 이해할 수 있다. 하지만 말하는 사이사이에 "그게…", "저…" 등의 불필요한 말이 들어간다면 자신이 나중에 들어봐도 답답한 느낌이 들 것이다. 말할 때에는 자신이 그런 표현을 자주 사용하고 있다는 의식이 없을 테니 이것도 무의식적인 말투다.

"그게…", "저…"라는 말버릇을 가진 사람은 뜻밖에 꽤 많다. 긴장하고 있을 때나 어려운 문제를 설명하려 할 때일수록 말이 막히고 의미를 알 수 없는 이상한 단어들만 튀어나오기 쉽다. 그런 경험이 잦아질수록 자기혐오에 빠질 수 있다.

심리학적으로 분석하면 "그게…", "저…"라는 말을 사용하는 것은 머릿속에서 내용을 정리하고 있는 동안, 입을 다물고 있는 것이 두렵기 때문이다. 자신도 모르게 심리적으로 균형을 유지하려 하는 것이라고 해석할 수 있다.

"그게…, 그러니까 여러분…"처럼 말을 시작할 때에 "그게…", "저…"라는 말을 말버릇처럼 사용하는 사람도 있다. "그게…"를 사용해 말을 꺼내는 계기를 만들고 뒤에 따라오는 말을 부드럽게 이어줌으로써 대화를 끊지 않으려한다고 해석할 수 있다.

한편, 이야기의 시작이나 중간에 "그게…", "저…"라는 불필요한 말을 넣는 것은 지금부터 시작하려는 자신의 이야기를 효과적으로 살리기 위해 타이밍을 맞추는 작업이라는 분석이 있다. 개들이 싸울 때 서로를 노려보면서

"으르릉…" 하고 목을 울리는 것과 비슷하다.

실제로 "그게…", "저…"가 말버릇인 총리도 있었다. 실언을 하면 안 되는 입장에 있다는 긴장감 때문인지, 질문하는 사람의 질문을 교묘하게 피하려는 전술인지는 모르지만, 만약 전술로서 사용한 것이라면 상당한 전술가다.

만약 주변에서도 본론으로 들어가기 전에 "그게…", "저…"라고 말을 꺼내는 사람이 있다면, 태평스런 말버릇에 휘둘리지 말고 요점을 정확하게 읽어내는 노력을 기울여야 한다.

대화의 흐름을 끊지 않는 네 가지 반응

　말을 잘하는 사람이 있듯 말을 잘 들어주는 사람도 있다. 단, 말을 잘 들어주는 사람이라고 해서 단순히 잠자코 귀를 기울이고 있는 사람을 말하는 것이 아니다. 상대방의 말에 맞춰 고개를 끄덕여야 할 타이밍이나 "그렇군요. 그래서요?"라는 식의 맞장구에 능하다면 기본을 갖춘 사람들이다. 그들은 대화의 분위기를 잘 이끌어 상대방이 말하고 싶지 않았던 말까지 꺼내도록 만든다.

　대화를 할 때 고개를 끄덕이면서 맞장구를 치는 것은 간단해 보이지만 상당히 어려운 기술이다. 단순히 자신이 말을 잘 듣고 있다는 것을 알리려는 목적에서 고개를 끄덕이고 뒷말을 재촉하는 정도로 끝나는 것이 아니기 때문이다.

예를 들어, 상대방이 열기를 띠고 말하고 있을 때에는 쓸데없는 말을 하지 않고 말없이 고개를 끄덕이는 정도로 대응한다. 만약 이야기가 약간 복잡해져 상대방이 어떻게 설명해야 좋을지 난처해할 때에는 "그러니까 ○○를 말씀하시는 것이지요?"라는 식으로 적절한 질문을 던져 이야기의 흐름을 놓치지 않도록 이끈다.

이야기가 절정에 도달했을 때에는 마른침을 삼키는 몸짓으로 상대방의 이야기에 온 신경을 쏟고 있는 듯한 태도를 보여준다. 상대방의 말을 잘 들어주는 사람은 대화의 이런 호흡을 잘 파악하고 있다. 또한 각 순간에 대응을 하는 방법도 풍부하게 갖추고 있다.

첫째, "그래요? 그래서요?"
→ 이야기의 단서나 뒷말을 이끌어내고 싶을 때 보이는 반응이다.

둘째, "그렇군요."

→ 상대방의 말을 이해하고 납득하고 있다는 반응이다.

셋째, "네? 그래요?"

→ 뜻밖의 이야기를 들었을 때 놀라움을 표현하는 반응이다. 물론, 말하는 사람이 그런 기대를 하고 있다는 사실을 이해하기 때문에 보일 수 있는 반응이다.

넷째, "이런, 그건 너무 심한데요."

→ 상대방의 이야기에 대한 감상이다. 이야기를 듣고 아무런 반응도 보이지 않는다면 말을 하는 사람은 의욕을 잃는다. 말이 끊어질 때마다 적절한 감상이나 의견을 표현하면서 다음 이야기를 이끌어낸다.

말을 잘 들어주는 사람은 이처럼 다양한 반응을 적절한 타이밍에 반복할 줄 아는 사람이다. 한편, 상대방의 이야기를 이끌어내는 데 서투른 사람은 어떤 경우에든 똑같은 반응만 보인다. 말을 잘 들어주는 방법의 기본을 전혀 모르고 있기 때문이다.

특히 어떤 말에든 "그렇군요."라는 반응이 말버릇인 사람은 주의해야 한다. "그렇군요."는 상대방의 이야기를 이해했다거나 충분히 납득했다는 의미로 사용하는 말이다. 하지만 지나치게 남발하게 되면 상대방에게 "이제 충분히 이해했으니까 그만하십시오."라는 뜻으로 들릴 수 있다.

마찬가지로 "네, 네."라는 식으로 두 번 연달아 대답하는 것도 말하는 사람 쪽의 입장에서 들으면 결코 좋지 않은 반응이다. 자신의 이야기를 제대로 듣고 있지 않거나 별 관심을 보이지 않고 있다는 식으로 받아들여질 수도 있다.

자기주장이 강한 사람이 대화에 참여하는 법

대화는 흔히 캐치볼에 비유되곤 한다. 그런데 상대방이 말하고 있는 도중에 "그보다는…" 식으로 말하며 끼어드는 사람이 있다. 마치 상대방이 아직 공을 던지고 있는데, 갑자기 다른 공을 꺼내 던지는 것과 같다. 그러면 말하고 있는 사람에게 불쾌감을 줄 뿐만 아니라 공이 두 개로 늘어난 덕분에 함께 있는 다른 사람들도 혼란스러워진다.

상대방이 말을 하고 있을 때는 끼어들지 않는 것이 최소한의 예의다. 그것을 알고 있으면서 "그보다는…" 식으로 끼어드는 것은 상대방의 말을 가볍게 듣고 있는 것처럼 보이게 하는 초보적인 실수다. 원래는 말을 하고 있는 자신이 처음에 설명한 내용을 정정하고 보충하는 형식으로 "그보다는…" 식의 말을 꺼내는 것이 기본형이다.

> "나는 그 사람을 싫어하는 게 아냐. 그보다는 오히려 좋아하지."

하지만 상대방의 말에 대한 반박 주장을 내세우듯 "그보다는…"이라면서 끼어들면 냉정하게 말해 매우 오만한 느낌을 줄 뿐이다. 더구나 "그보다는…"이라고 끼어들어 놓고는 상대방의 의견에 대한 반론이나 보충 설명을 특별히 하는 것도 아니고 부정적인 말을 하는 것도 아닌 애매한 경우가 대부분이다. 그러면 말하고 있던 사람 입장에서는 도대체 목적이 무엇인지 이해하기 어렵다.

아마도 "그보다는…"이라는 말에는 일단 반론이나 다른 의견을 제기하는 척 말을 꺼내놓고 "그런 의견보다 내 의견에 주목했으면 좋겠어."처럼 단순히 화제 전환을 하려는 심리가 깔려 있는 듯하다. 약간 자극적인 말을 꺼내 자신의 존재를 드러내어 사람들의 주의를 끌려는 심리 말이다.

　상대방의 의견과 같은 것이건 다른 것이건 "그보다 는…"이라는 말로 끼어들려는 사람은 자기주장이 강할 가 능성이 높다. 모든 일에서 흑백을 분명하게 가리고 싶어 할 뿐만 아니라 논쟁을 좋아하는 성격일 수도 있다. 또 애매한 결론을 싫어하고 융통성이 없는 사람일 수도 있 다. 어쨌든 동료들 사이의 사적인 대화에서는 사용할 수 있을지 몰라도 사무적인 장소나 그다지 친하지 않은 사 람들의 모임에서는 주의해야 할 말투다.

상대방의 기분까지 헤아리는 대화의 전략

자기주장이 강한 유형과는 반대로 어떤 상황에서든 "그렇지요."라면서 상대방의 의견에 일단 긍정적인 말을 꺼내는 사람이 있다. "그렇지요."라는 말로 일단 받아들인 다음에 자신의 말을 꺼내기 때문에 상대방의 의견에 찬성을 하는 것인 줄 알았지만 사실은 반대 의견을 갖고 있거나 전혀 관계없는 이야기를 한다면 상대방은 당황하고 만다.

이때의 "그렇지요."라는 말에도 큰 의미는 없다. "그게…", "저…"와 마찬가지로 단순히 "지금부터 내가 이야기하겠습니다."라는 식의 전제에 지나지 않는다.

하지만 "그보다는…"을 사용하는 사람과 비교하면 일단 긍정적인 말을 꺼냈으므로 지금부터 자신이 발언권을 가지고 대화를 진행하겠다는 식의 강인한 메시지는 아니다. 발언한 사람을 자극해 논쟁을 벌이려는 의도라기보다 상대방의 의견도 존중하겠다는 협조적인 의도를 드러낸 셈이다. 더불어 주변의 분위기를 해치지 않고 자신의 의견을 분명하게 주장하겠다는 측면도 엿볼 수 있다.

"그렇지요.", "당연한 말씀입니다."라는 식으로 상대의 말에 납득할 수 있다는 긍정적인 태도를 보이면서 대화나 협상의 흐름을 자신에게 유리하도록 끌고 오겠다는 것은 영업용 대화 기술 중 가장 기본적인 수단이기도 하다. 흔히 판매 실적이 높은 판매 직원이 소비자로부터 "지금 우리는 금전적 여유가 없어서…"라는 부정적인 말을 들었을 때 대화를 끌고 가는 기술을 보면 대화의 흐름을 어떻게 주도하는지를 쉽게 이해할 수 있다.

예를 들어 영업의 대상이 된 소비자는 거절할 생각으로 말을 꺼냈지만, 판매 직원이 일단 자신의 말을 긍정해 버리면 더 이상 거절할 만한 적당한 말이 떠오르지 않을 것이다. 일단 자신의 말을 들어주고 긍정해준 것이므로 다음에는 자신도 상대방의 말을 긍정해야 한다는 묘한 심리적인 균형 감각도 발생한다.

> "네, 충분히 이해합니다. 부인은 집안 살림을 담당하고 있으니 얼마나 힘드시겠습니까? 특히 이런 식으로 불황이 계속 이어지면 어떤 가정이든 힘이 들겠지요. 하지만 가계에 바짝 신경을 써야 하는 시점이기 때문에 더욱 가격이 저렴하고 오랫동안 사용할 수 있는 상품을 선택하셔야 합니다. 그런 점에서 우리 회사의 상품은⋯."

실제로 고객의 불만 사항을 접수해 상담하는 고객 센터 같은 부서에는 고객에게 응대할 때 '처음부터 부정하는 말투는 삼간다'는 것을 매뉴얼에 정해두고 있다고 한다. 특히 화를 내는 고객에게 "아닙니다. 그건 고객님의 오해입니다."라거나 "그럴 리가 없는데요."라고 대응하는 것은 고객의 분노에 기름을 붓는 결과를 내기 때문이다.

"'NO'라고 말하고 싶어 하는 상대방이 어떻게든 'YES'라고 말하게 하고 싶다."
"화를 내는 상대방을 다독거려 내 흐름으로 끌고 가고 싶다."

말을 시작할 때 '일단 상대방의 말을 긍정한다'는 것은 그만큼 매우 중요한 기술이다. 하지만 상대방의 말을 긍정한다고 해서 상대방을 회유한다는 식의 나쁜 의도를 내포하고 있는 것이 아니다. 상대방과의 관계를 원만하게 만들어주며 어른스러운 대화를 할 수 있는 기술이기 때문이다.

긍정적인 삶을 만드는 긍정적인 대답

일단 상대방의 말을 긍정하고 이야기를 시작하는 사람은 인간관계를 원활하게 이끌어가는 '이득을 보는 말투'를 구사하는 사람이라 할 수 있다. 반면, "하지만", "그래도", "그러나" 등의 부정적인 말부터 꺼내는 사람은 오해를 사거나 문제를 일으키기 쉬운 '손해를 보는 말투'를 구사하는 사람이다.

실제로 "그렇지요.", "그렇군요."라고 긍정적인 말부터 시작하는 사람 쪽이 호감을 얻는다는 사실은 여러 실험을 통해서도 증명됐다. 이야기의 내용이 비슷하다면, 대화의 첫마디를 긍정으로 시작하는 사람이 상대방의 찬성

의견을 얻기 쉽다. 예를 들어, 회의에서 어떤 사람이 한 가지 아이디어를 제안했다고 하자. 그에 대해 두 가지 반응이 나올 수 있다.

> 첫째, "하지만 그건 예산을 무시한 의견이라고 생각합니다."
> 둘째, "그렇군요···. 다만 예산 문제가 마음에 좀 걸리는군요."

첫 번째는 발언자의 제안을 완전히 부정하는 듯한 인상을 준다. 두 번째는 말 그대로 제안 자체는 나쁘지 않지만 예산 문제를 생각하면 어렵다는 말로 들린다.

자신이 제안을 한 사람이라면 첫 번째처럼 대답한 사람과 두 번째처럼 대답한 사람 중 어느 쪽에 호감을 느낄까. 대답의 내용은 비슷하지만 긍정적인 말로 시작한 쪽이 인간관계를 원활하게 유지할 수 있다. 그것이 바로 '이득을 보는 말투'다.

"하지만", "그래도"라는 말이 위험한 것은 지속적으로 그런 표현을 사용하게 되면 정말로 자신의 말버릇이 돼 버린다는 점이다. 관리자나 선배가 친절하게 충고해주고 자신도 마음속으로는 충분히 납득하고 있는데도 자기도 모르게 "하지만…", "그래도…"라는 말을 내뱉는다면 변명 이나 말대답을 하는 듯한 인상을 심어주게 된다. 그런 일 이 많아지면 관리자나 선배도 더 이상의 충고나 조언을 하지 않는다. 인간관계도 점차 나빠질 수밖에 없다.

더욱 나쁜 상황은 그러는 사이 자신의 마음속에서는 "하지만", "그래도"를 남발하며 습관화한다는 것이다.

> "하지만 나 같은 사람은 어차피 아무도 상대해주지 않을 거야…."
> "그래도 일이 바쁘니까 그건 하고 싶어도 할 수 없어…."

상대방의 충고나 조언에 대해 부정적인 말대답으로 응수하고 본인의 마음속으로도 변명과 핑계만 대고 있으면 결국 아무도 상대해주지 않는다. 무엇보다 부정적인 생각만 하는 자신을 보며 허무하게 느끼게 된다.

말은 최면을 거는 주문과도 비슷한 면이 있다. 부정적인 말만 사용하는 사람은 부정적인 인생을 살고, 긍정적인 말을 사용하는 사람은 긍정적인 인생을 산다. 말에는 그만큼 강력한 힘이 있다. 어느 쪽이 이득인지는 굳이 생각해볼 필요도 없다.

마음의 불안함을 감추려는 단호한 말들

    대화 중에 "절대로", "틀림없이", "반드시"라는 표현을 자주 사용하는 사람들이 있다. 그런 사람들은 대체로 자신의 의견을 확신하고 자신감을 갖고 있는 사람이라고 생각하기 쉽지만 심리학적인 면에서는 그렇게 보지 않는다.

> "절대로 이쪽이 좋아."
>
> "나라면 반드시 이렇게 할 거야."
>
> "틀림없이 이렇게 될 거야."

별것도 아닌 문제에 "절대로"라는 식으로 단정적인 말로 강조한다면 오히려 자신감이 부족한 사람이라고 볼 수 있다. 특히 일상생활에서 사람의 마음이나 장래의 문제 등에 관해 대화할 때에는 불확실한 부분도 많고 그 자리에서 선뜻 결론을 내기 어려운 경우도 많다.

그럼에도 불구하고 "절대로"라는 식으로 단정을 지어 말하는 것은 오히려 "그렇게 되기를 바란다"는 바람을 드러내는 것이다. 뒤집어 보면 "그렇게 되지 않을지도 모른다"는 불안감을 느끼고 있다는 뜻이다.

소풍이나 여행을 떠나기 전날 부모님에게 "내일 비는 오지 않겠죠?"라고 계속 물어보는 아이의 심리와 마찬가지다. 그런 아이에게 부모가 "괜찮을 거야. 내일은 맑을 거라고 했어."라고 가볍게 대답하면 아이는 "정말요? 절대로 비는 안 오는 거죠?"라고 다짐을 받아야 안심한다.

하지만 성인이 되면 더 이상 자신의 불안감을 해소하는 말을 부모로부터 들을 수 없기 때문에 스스로 다짐을 받으려는 말이나 행동을 한다. 쉽게 말해 무슨 말을 할 때마다 "절대로", "틀림없이" 등의 말을 하는 사람은 어린 아이 같은 성격이라고 말할 수 있다. 좋게 말하면 순수한 것이고 나쁘게 말하면 철이 덜 든 것이다.

세상에 "절대로"라고 단정해 말할 수 있는 일은 거의 없다. 사람의 마음은 바뀌기 쉽다. 그리고 누구나 행복해지기 위해 나름대로 확신할 수 있는 것을 추구한다. "절대로", "틀림없이", "반드시"라고 표현하고 싶은 마음을 이해하지 못하는 것은 아니지만 이런 말투는 바꾸어야 한다.

주인공은 결코 먼저 입을 떼지 않는다

대화 중에 누군가 자신의 이야기나 주장을 꺼내는 즉시 "내가", "나는"이라면서 상대방의 말에 지지 않고 개인적인 이야기를 꺼내고 싶어 하는 사람 역시 어린아이 같은 느낌을 준다. 누군가 "여름방학에 홋카이도로 여행을 갈 거야."라고 말하자 그 즉시 친구도 지지 않겠다는 듯 "나는…", "아니, 나는 해외여행을 갈 건데."라는 식으로 맞받아치는 경우다.

아이들 사이에서 이뤄지는 대화라면 충분히 이해할 수 있지만 성인이 되어서도 상대방에게 지지 않으려고 "내가", "나는"이라면서 상대방의 말을 자르듯 말한다면 받아들여지기 어렵다. 주변 사람들은 그 말을 듣자마자 "또 시작이군." 하고 마음속으로 짜증을 낼 것이다. "내가", "나는"이라면서 일단 대화의 화제를 돌리는 사람은 늘 주목을 받고 싶어 하는 사람, 주변 사람들로부터 보호를 받고 싶어 하는 욕구가 지나치게 강한 사람이다.

일반적으로 형제자매가 많았던 시절에는 외동아이들이 그런 성향을 갖고 있다고 봤다. 외동아이는 부모의 돌봄을 혼자 독차지하기 때문에 누군가 자신을 돌봐주는 것이 당연하다고 여길 수 있다. 따라서 "나는"이라는 식으로 사람들의 주의를 환기시켜 자신의 이야기를 하는 것에 너무 익숙해 있다는 의미다. 한마디로 늘 자신이 주인공인 삶을 살아온 것이다.

물론 형제자매가 많은 가정에서 자란 아이도 목소리를 높여 자기주장을 하면서 다투곤 한다. 하지만 대체로 부모로부터 다른 형제자매의 이야기를 들어주어야 한다는 균형 감각을 배운다. 또 자신의 의견을 주장하는 경우는 있어도 언제나 그것이 통하지는 않는다는 사실을 알고 있기 때문에 주인공은 언제든 바뀔 수도 있다고 생각할 줄 안다.

최근에는 외동아이만 있는 가정이 굉장히 흔하다. 그래서인지 "내가", "나는"이라고 주의를 환기시키는 말을 꺼내 자신의 이야기만 하고 싶어 하는 사람이 늘어나고 있는 것 같다. 물론 다른 사람에게 자신의 이야기를 하는 것을 꺼리는 사람도 함께 늘어나고 있어 양극단에 해당하는 사람들이 뒤섞여 있다고 한다.

사람은 유아기의 성장 과정에서 부모나 형제자매와의 관계를 통해 자신과 타인의 관계성을 배운다. 하지만 외동아이나 맞벌이 가정이 증가하면서 인간관계의 기본을 경험할 수 있는 기회가 줄어들고 있다. 그로 인해 자신과 타인 양쪽의 관계를 적절하게 이끌어가는 균형 감각을 잃어버린 채 성장하는 사람들이 늘어나고 있다.

누구에게나 인기가 있고 주목을 받는 사람은 "내가", "나는"이라고 말하지 않아도 주변 사람들이 가만히 내버려두지 않는다.

"그런데 ○○ 씨는 어떻게 생각해?"

오히려 주변 사람들이 의견이나 이야기를 듣고 싶어 하는 사람들이 있다. 그런 사람들은 평소 조용히 있다가도 주변의 질문을 받고서야 겨우 "아, 내 경우에는…"이라고 조심스럽게 이야기를 꺼낸다. 먼저 자신이 주의를 환기시킬 필요도 없고, 주변 사람들이 물어보면 그때 대답하면 그만이다.

만약 자신에게 의견을 물어보는 사람이 없다고 느껴진다면, 자신이 깨닫지 못하는 사이에 "내가", "나는"이라는 말이 말버릇이 된 것은 아닌지 되돌아보길 바란다. 어쩌면 주변 사람들에게 "이 사람은 가만히 내버려둬도 어차피 스스로 말을 꺼낼 거야."라는 인상을 심어주었는지도 모른다.

대화를 끝내고 싶은 사람의 말버릇

어느 정도 나이가 든 사람들 중에서 "요컨대", "즉" 같은 말버릇을 가진 사람을 흔히 볼 수 있다. "요컨대"라는 말은 "지금까지의 이야기를 요약하면…"이라는 의미로 사용된다. 회화체 표현보다는 문어체 표현에 가깝다. 젊은 사람 중에는 이런 말들을 쓰는 경우가 별로 없다.

일상적 대화에서 문어체를 자주 쓰려는 것 자체가 약간의 거드름을 피우는 듯한 말투라고 할 수 있다. 그런 의미에서 보더라도 대화의 주도권을 가지고 싶어 하는 의식이 강한 사람이 쓰는 말투라고 분석할 수 있다.

실제로 "요컨대"라고 말하면서 정작 상대방의 의견을

요약하는 것이 아니라 단순히 자신의 의견만을 주장하는 사람이 많다.

다시 말해 "요컨대"라고 말을 꺼내어 자신이 대화의 내용을 정리하는 형식으로 그 자리를 끝내고 싶은 것이다.

> **"이제 논쟁은 끝내자고. 결국 너의 말은 이런 거잖아."**

또 "즉"은 "요컨대"보다 부드러운 표현이지만 의미로 보면 "요약한다면…"과 거의 비슷하다. 대화를 끝내고 싶다거나 자신이 그 자리를 정리하고 싶다는 심리 상태를 나타내는 면에서 마찬가지다.

> **한창 대화가 무르익고 있는데 말허리를 잘라버리는 사람**
> **다른 사람의 이야기에 함부로 끼어드는 사람**

자신은 멋지게 대화를 정리해 그 자리를 통제할 수 있는 '말 잘하는 사람'이라는 생각을 갖고 있는지 모르지만 함께 있는 사람들의 입장에서 보면 이미 기피의 대상이 되고 있을지 모른다.

단, "요컨대", "즉"은 지위가 상당히 높은 사람들이 흔히 활용하고 있는 대화 기술이며 마음속으로는 자신의 의견에 자신감이 있기 때문에 사용할 수 있는 말투다.

젊은 사람 중에서도 "요컨대", "즉"이라는 말을 쓰는 경우가 있다. 이는 자신의 의견에 자신감이 있어서가 아니라 대화의 흐름이나 내용을 확인하고 싶어 할 때 사용하는 말투다.

> **"내가 이해하고 있는 게 맞는 거지?"**

다시 말해, "즉, ~라는 말이지?"라는 의미로 사용하는 것이다. 경험적으로 볼 때 젊은 사람들은 아직 충분한 자신감이 없기 때문에 이런 말투를 사용하는 듯하다.

6장

감사와 사과가
어색한 사람들을 위한
말버릇 매뉴얼

자신을 걱정해주고 신경 써주며 가벼운 말 한마디라도 건네는 사람에게는 누구라도 호감을 느낀다. 그리고 그런 말 한마디를 들으면 누구나 기분이 좋아진다. 사람을 기쁘게 하는 말 한마디는 이처럼 그 말을 들은 사람은 물론이고 말한 사람 역시 이득을 본다.

진정한 배려는 상대방 모르게 하는 것

　직장 동료나 친구들 사이에 서로의 속마음을 잘 알고 있다는 것을 이유로 이상적인 인간관계를 맺고 있다고 말하는 사람들이 있다.

> "굳이 말하지 않아도 그는 알아서 해줘."
> "나는 그가 말하지 않아도 그의 생각을 알 수 있어."

　하지만 정작 상대방의 마음은 전혀 모르는 상태에서

혼자서만 그렇게 생각하는 경우가 많다. 사회적으로 이혼율이 증가하고 있는 것도 그러한 추세를 반영하고 있다. 특히 황혼 이혼처럼 오랜 시간을 함께한 부부의 이혼이 늘고 있다는 것을 보면 지금까지의 인간관계에 대해 얼마나 환상을 갖고 있었는지를 잘 알 수 있다.

인간관계의 기본은 배려다. 업무상의 만남이나 서로 만난 지 얼마 되지 않은 관계라면 서로를 배려하는 마음이 더욱 중요하다. 일도 사람과 사람이 서로 협조해 진행하는 것이기 때문에 배려가 필요하다. 금전 문제나 이해득실이 얽혀 있는 경우 상대방에 대한 존경과 서로의 관계를 소중히 여긴다는 마음이 서로 전달되지 않으면 원만하게 진행될 수 없다.

한편, 배려는 말로 표현하지 않으면 상대방에게 전달되기 어렵다. 사소한 오해 때문에 싸움이 시작될 때 흔히 가볍게 넘기는 사람들이 있다.

"말은 하지 않아도 내 태도를 보면 알 수 있겠지."

그것은 독단적인 생각일 뿐이다. 주변 사람들은 누군가의 태도만으로 그 사람을 이해하기 어렵다. 설사 태도를 통해서 느낄 수 있는 부분이 있다고 해도 그것은 어렴풋한 느낌 정도의 수준일 뿐 확신을 가지기는 어렵다. 그렇기 때문에 상대방을 배려하는 마음은 반드시 말로 표현해야 하며 그렇게 해야 상대방도 고맙고 기쁘게 생각한다.

> "아, 이 사람은 나를 진지하게 생각하고 있구나."
> "지금까지 상대하기 거북한 사람이라고 생각했는데 이렇게 부드러운 측면도 있었네."

물론 자신이 어떤 방식으로 배려하고 있는지 일일이 자랑하듯 표현하는 방법은 옳지 않다. 은혜를 베풀거나 설명을 하듯 말하면 오히려 상대방의 기분을 상하게 만든다. 그보다는 자연스럽게 한마디 덧붙이는 정도로 배려해야 상대방이 부담스럽지 않게 받아들일 수 있다. 자연스러운 한마디에 의해 높은 평가를 내려주는 경우도 있다. 자신의 인상이나 평가를 높이고 결과적으로 자신에게 도움이 되는 중요한 상황에서의 한마디를 항상 염두에 두도록 하자.

"미안합니다"보다 "고맙습니다"

　자신이 무엇인가 실수를 저질렀을 때나 피해를 끼쳤을 때, 상대방에게 사과하는 마음을 표현하는 말로 대표적인 것이 "미안합니다."라는 말이다. 예를 들면 회사에 지각을 해 함께 일하는 누군가를 기다리게 했을 때, 전철 안에서 실수로 상대방의 발을 밟았을 때 같은 상황에서 자동적으로 쓰는 말이다.

　또 모르는 사람에게 말을 걸 때에도 "미안합니다만…"이라고 말하곤 한다. 이것은 "미안하지만 제 말 좀 들어주시겠습니까?"를 생략한 말이다. 넓은 의미에서 보면 앞서 말한 "미안합니다."라는 말과 비슷한 의미다. 영어로 표현한다면 "익스큐즈 미Excuse me!"와 비슷한 의미이고, 영어에서도 양쪽 상황에서 모두 사용할 수 있다.

그런데 최근에는 상대방이 자신에게 무엇인가를 해주었을 때, 감사의 말로 "미안합니다."라고 말하는 사람을 종종 볼 수 있다. 자신이 떨어뜨린 물건을 주워주었을 때, 선물을 받았을 때 등에도 "미안합니다."라는 식이다. 아마도 "번거롭게 해서 미안합니다."나 "신경 쓰게 해서 미안합니다."라는 의미로 사용하는 것 같은데 그보다는 "고맙습니다."라고 감사의 마음을 표현하는 것이 더 적절하다.

덧붙여, 누군가로부터 물건을 받거나 도움을 받았을 때, 영어권에서 "익스큐즈 미!"라고 표현하는 사람은 없다. 그때는 분명하게 "땡큐Thank you!"라고 표현한다.

약간 지나친 견해인지는 모르지만 누군가에게 무엇인가를 해주었는데 "미안합니다."라는 말을 듣는다면 쓸데없는 일을 해준 것인가 하는 의문이 들 수도 있다. 하지만 "고맙습니다."라는 말을 듣는다면 어떤 사람이건 기분좋게 받아들일 것이다.

"감사하는 마음을 전달하는 표현이니까 상관없는 것

아닌가?"라고 생각하는 사람도 있을 것이다. 하지만 '말하는 사람'은 그렇게 생각해도 '듣는 사람'은 반드시 그렇게 받아들이지 않는 경우도 있다는 점을 생각하면 역시 "고맙습니다." 쪽이 적절한 표현이다.

　어차피 감사하는 마음을 표현할 바에는 상대방에게도 그 마음이 전달되어 즐거움을 느낄 수 있도록 적절한 표현을 사용하는 것이 '배려'다. 따라서 "미안합니다."보다는 "고맙습니다."를 사용하도록 하자.

감사 인사는 절대로 배신하지 않는다

사회생활을 하다 보면 별것 아닌 말을 할 수 있느냐 없느냐에 따라 그 사람의 평판이 바뀌는 경우가 종종 있다. 특히 "고맙습니다."라는 말을 할 수 있는가, 그렇지 않은가에 따라 평가가 크게 바뀌곤 한다.

신입 사원 A 씨와 B 씨가 일을 끝낸 뒤 선배에게 식사 대접을 받고 "잘 먹었습니다."라고 인사를 했다. 그다음 날 아침, 회사에서 선배를 만난 A 씨는 다시 한번 감사 인사를 했다.

"어제 저녁 식사 정말 고맙습니다. 식사도 맛있었지만 좋은 말씀들이 큰 공부가 되었습니다."

한편 B 씨는 특별히 감사 인사를 하지 않았다. 물론, 두 사람 모두 식사를 마친 뒤에 "잘 먹었습니다."라고 일단 인사를 했으니까 사회생활의 에티켓 면에서 실격이라고 말할 수는 없다. 다만, 선배의 마음속에는 A와 B에 대한 인상 차이가 분명하게 새겨질 것이다.

"A는 젊은 사람치고 확실하게 예의도 갖추고 있는 걸 보면 사람이 됐어. 다음에 기회가 있으면 또 불러야겠다."

특별히 A와 B를 비교하려는 의도는 없지만 왠지 모르게 다음 날 감사 인사를 한 번 더 건넨 A에게 친밀감을 느끼게 된다. 또 가능하다면 A에게 높은 평가를 주고 싶어지는 마음이 들 것이다.

그렇다고 B가 그 선배를 싫어해서 감사 인사를 건네지 않은 것은 아니다. 예를 들어, B가 선후배의 위계질서가 강한 체육과 출신이라면, 그래서 선배가 후배를 늘 챙기는 환경에 익숙한 사람이라면 한 번의 인사로도 충분히 전달될 거라고 생각할 수 있다. 또한 B 자신도 후배에게 밥을 사주고 계산하는 일이 종종 있어 당연한 일로 여길 수 있다. 다음 날 특별히 감사 인사를 하지 않는다고 해도 전혀 신경을 쓰지 않는 사람이기 때문에 선배와 후배의 관계는 원래 그런 것이라고 생각하는 것뿐이다.

그와 달리 A는 혼자 생활하면서 경제적인 여유가 없는 상황이라 선배가 사준 저녁 식사가 새삼 고마워 진심으로 감사 인사를 한 것일 수도 있다.

> "아무리 선배라고 해도 월급도 나와 별 차이가 없는데 두 사람이나 저녁을 사준다는 건 정말 고마운 일이야. 좋은 선배야."

서로의 속사정을 알고 보면 A와 B 중에 어느 쪽이 옳다고 볼 수는 없다. 성격이나 환경의 차이가 우연히 언행에서 드러났을 뿐이다.

그러나 선배 입장에서 볼 때 둘 중 한 명을 선택해 식사를 하게 될 일이 생기면 A를 선택할 확률이 높다. 또 관리자가 A와 B에 관한 평가를 묻는다면 A 쪽을 더 높이 평가할 가능성도 있다. 이것은 인간이라면 누구나 무의식중에 작용하는 심리다.

이처럼 그냥 스쳐 지나갈 수 있는 한마디 말뿐인 "고맙습니다."라는 말이 나중에 큰 효과로 나타나는 경우도 있다. 자신의 성향과는 별개로 감사하는 마음을 솔직하게 표현하는 사람에게는 다른 사람도 감사한 마음을 가지게 된다. 물론, 특별한 목적을 이루기 위해, 아부를 하기 위해 "고맙습니다."라는 말을 한다면 오히려 역효과가 될 수 있다. 자연스럽게 "고맙습니다."라는 말을 할 줄 아는 사람이 자기도 모르는 사이에 이득을 보게 된다.

머리를 숙이는 사과는 패배가 아니다

아이뿐만 아니라 어른도 "고맙습니다."라는 감사의 말, "미안합니다."라는 사과의 말을 할 줄 모르는 사람이 늘고 있다. 하지만 그 한마디를 할 줄 모르는 것 때문에 많은 손해를 보고 있다는 사실을 모르고 있는 듯하다.

"자녀 교육 문제에서 제가 잘했다고 말할 수는 없지만 단한 가지 '고맙습니다.'와 '미안합니다.'라는 말을 할 줄 아는 사람으로 키운 것은 정말 잘한 일이라고 생각합니다."

자녀를 둔 한 여성은 감사와 사과의 말을 가르친 보람에 대해 이렇게 말했다.

다른 사람에게 피해를 끼쳤을 때 "미안합니다."라는 말을 하기 전에, "○○가 그런 말을 하니까…", "××가 나쁜 행동을 해서…"라며 남 탓부터 하는 사람도 있다. 그 사람의 말에도 일리가 있을지 모르지만 이것은 손해 보는 사람의 말투다. 우선 "미안합니다."라고 사과하는 것이 이득을 보는 사람의 말투다.

듣는 사람의 입장에서 보면 상대를 탓하는 말을 쉽게 구분할 수 있다. "나는 잘못 없어. 네가 문제인 거야."라는 의미와 같기 때문에 당연히 몇 배는 더 화가 난다. 하지만 즉시 "미안합니다."라고 사과하면 아직 화가 가라앉지 않은 상태라고 해도 "됐습니다.", "아닙니다. 괜찮습니다."라고 말하게 될 뿐 아니라 화도 어느 정도 가라앉는 효과가 있다.

우선 "미안합니다."라고 사과하고 나서 상대방이 "왜 그런 행동을 하셨습니까?"라고 물어보면 그때에 비로소 "사실은…"이라고 운을 떼며 상황을 설명하는 것이 이득을 보는 사람의 말투다. 그러면 상대방도 자신이 물어본 것인 만큼 이쪽의 말을 끝까지 들어줄 테고 "그런 상황이었다면 어쩔 수 없었겠군요."라고 화를 가라앉히며 냉정하게 판단을 내릴 것이다.

회사에서 실수를 해서 관리자에게 질책을 들을 때에도 마찬가지다. 왜 그런 결과가 나왔는지 이런저런 변명을 늘어놓기 전에 우선 "죄송합니다."라고 사과하는 것이 이득을 보는 사람의 말투다. 실수를 하게 된 이유나 책임에 관해서는 관리자의 화가 가라앉은 다음에 천천히 설명하면 된다.

"미안합니다."라는 말을 할 줄 모르는 사람은 상대방에게 머리를 숙이는 것은 곧 패배라는 인식을 가지고 있는 것이다. 관리자나 선배 등 자기보다 힘을 가진 입장에 있는 사람에게는 머리를 숙이면서도 동료나 아랫사람에게는 머리를 숙이지 않는 사람은 승패에만 얽매이는 그릇된 사고방식을 가진 사람이다.

하지만 바로 그런 사고방식이 패배를 부른다. 누구를 상대하건 자신의 잘못을 솔직하게 인정하는 법을 모르는 사람일수록 주변 사람들로부터 기피를 당한다. 지금 당장은 "미안합니다."라는 말을 하지 않았다고 해서 본인이 이겼다고 생각할지 모른다. 하지만 주변 사람들에게는 점차 기피의 대상이 되고 반감을 주기 때문에 직장에서의 인간관계는 의도대로 풀리지 않을뿐더러 패배자의 길을 걷게 된다.

대기업의 불상사로 인해 사회적 물의를 빚은 상황에서 기자회견을 하게 되었는데 사장이 책임을 회피하고 계속 변명만 늘어놓는다고 생각해보라. 그런 기업은 이후에도 나쁜 이미지가 계속 남아 매상이 줄어들 수밖에 없다. 적어도 분명하게 자신의 잘못을 인정하고 머리를 숙이는 회사보다 심각하게 이미지가 실추될 것이고 다시 회복되기 어렵게 된다. 이렇듯 이득을 보는 말투는 사소한 데서부터 시작된다.

실수와 사과의 등가교환 원리

　자신에게 잘못이 있다면 반드시 우선 사과를 해야 한다. 하지만 모든 잘못에 대해 상대방에게 용서를 받을 수 있는 것은 아니다. 말뿐인 사과처럼 들리거나 단순히 보여주기식으로 머리를 조아리는 사과라도 거듭하면 상대방이 쉽게 용서를 해줄 거라고 생각하는 것은 오판이다. 그런 식의 형식적인 사과를 하면 할수록 상대방의 태도는 오히려 더욱 완고해지는 경우도 있다.

　반면 진심으로 자신이 큰 실수를 저질렀다고 생각하지만 사과에 서투른 나머지 그런 마음이 상대방에게 전달되지 않는 사람도 분명히 있다. 일상생활의 습관에서 그런 여지들을 찾아볼 수 있다. 보통 결혼식을 치르면서 축의금을 받을 때 금액에 합당한 답례품을 건넨다. 기본적으로 사과는 답례품을 건네는 것과 같은 이치다. 사과를 하더라도 상대방이 받은 피해의 수준에 따라 그에 상응하는 사과를 해야 한다. 실수와 사과의 균형이 잡히지 않으면 상대방은 용납하기 어렵다.

또 즉각적으로 치유될 수 없는 수준의 육체적, 경제적인 피해를 끼쳤을 때에는 사과하는 말만으로는 충분하지 못한 경우가 있다. 돈으로 해결한다고 되는 문제가 아니라 실제로 몇 번이나 상대방을 찾아가 성의를 다해 사과할 수밖에 없는 경우도 있다.

이때 주의해야 할 점은 사과하는 사람 스스로 그만하면 됐다고 생각하는 식으로 사과의 수준을 정해버리면 안 된다는 것이다. 용서를 할 것인지의 여부는 피해를 입은 사람이 판단할 문제다. 피해를 입은 상대방이 "이제 됐습니다. 그만하십시오."라고 용서해줄 때까지 진심으로 성의를 다해 사과를 하고 기다려야 한다.

반대로, 그리 큰 실수를 저지른 것도 아닌데 지나칠 정도로 사과하는 사람이 있다. 사실 여기서 말하는 사과에

서투른 사람은 지나친 사과를 하는 사람에 해당한다. 특히 상대방은 이미 잊어버렸는데, 또는 잊어가고 있는데 계속 "그때는 정말 죄송했습니다."라고 되풀이하는 사람이다. 이미 사과를 했고 상대방이 받아들여 용서를 한 문제를 거듭 언급하며 얼굴을 마주할 때마다 "그때는…"이라고 되풀이하는 태도는 곤란하다.

물론 "죄송합니다."라고 사과를 하고 나서 마치 아무 일도 없었던 듯 태연하게 행동하는 것도 문제다. 하지만 필요 이상으로 머리를 숙이면 성의를 넘어 진심이 느껴지지 않거나 비굴하게 비칠 수 있다.

이미 서로 사과와 용서를 주고받으며 끝난 과거 이야기에 대해 굳이 되풀이해 사과를 하면 상대방은 당연히 불편해한다. 결국 상대방은 상대하기 거북하다는 생각에 더 이상의 만남을 피한다.

한편, 그렇게 신경을 쓸 정도라면 깊이 반성을 했다고 볼 수 있지만 사실 그런 사람일수록 똑같은 실수를 저지를 확률이 높다. 더욱 사과의 진실성이 떨어질 수밖에 없다.

자신의 실수로 다른 사람에게 피해를 끼친 경우, 피해를 당한 상대방에게 사과하는 것과 동시에 똑같은 실수를 저지르지 않도록 단단히 각오하고 자신의 행동을 고쳐야 한다. 결국 진실성 있는 사과란, 자신의 각오를 보여주고 행동을 고치는 것이다.

소속감과 존재감을 높이는 아침 인사법

기분 좋은 인사를 건네는 사람 중에 인간관계에 서투른 사람은 별로 없다. 특히 아침에 출근할 때 처음 만난 사람이 "안녕하세요!"라고 상쾌한 목소리로 말을 걸어오면 그것만으로 하루의 기분이 달라진다. 흐릿했던 머리도 맑아지고 하루 종일 일에 시달릴 생각에 지끈하고 우울했던 기분도 말끔히 사라진다. 기분 좋은 인사는 이처럼 상대방의 의욕까지도 올라가게 만든다.

그리 잘 알고 지내는 사이가 아니라 해도 상대방이 웃는 얼굴로 인사를 하며 말을 걸어오는데 기분이 나빠질 이유는 없다. 오히려 몇 번 만난 적 없는 자신을 기억하고 있다는 생각에 기분이 좋아져 다음부터는 얼굴을 마주칠 때마다 오히려 먼저 인사를 건네게 된다.

만약 상대방을 처음 만났을 때 아무런 인사도 없이 모르는 척 지나쳤다면 나 역시도 말을 걸고 싶은 기분이 들지 않을 것이다. 그러면 두 사람의 인간관계를 형성할 수 있는 계기는 만들어지기 어렵다. 기껏해야 인사 정도라고 생각할 수도 있지만 이러한 인사 습관을 들이면 인간관계의 폭은 자연스럽게 넓어진다. 더구나 늘 기분 좋게 인사를 하는 사람, 인성이 좋은 사람이라는 이미지를 심어줄 수 있기 때문에 인간관계도 원만하게 이루어진다.

한편 최근 지극히 평범한 사람이 흉악한 사건을 일으키거나 그 사건에 휘말리는 뉴스를 자주 접하곤 한다. 그리고 뉴스의 내용에는 기자가 용의자나 피해자의 인상을 이웃 사람에게 묻는 장면이 나오곤 한다.

> **"우리에게 인사도 잘해서 좋은 사람이라고 생각했는데 뉴스를 보고 깜짝 놀랐어요."**

물론 인사를 잘하건 잘하지 않건 사건과는 전혀 관계가 없는 이야기이지만 그만큼 '인사를 잘하는 사람'은 '좋은 사람'이자 '착한 사람'이라는 이미지가 우리 모두에게 공식화돼 있다는 점은 상당히 인상적이다. 실제로 주민끼리 사이좋게 인사를 주고받는 지역에서는 범죄 발생률이 낮다고 한다. 도둑이나 강도도 범죄를 저지를 지역을 조사할 때 주민 사이의 관계가 끈끈한 지역이라면 가급적 범행 대상으로 삼고 싶지 않을 것이다.

인사의 장점은 상대방이 받았을 때 좋을 뿐만 아니라 자신의 기분까지도 좋아지게 만든다는 것이다. 방금 말했듯이 범죄 예방에도 도움이 된다. 무엇보다 인사는 자신의 존재를 드러낸다는 점에 주목할 필요가 있다. 특히 새로운 직장이나 환경에 적응하기 위해서는 일단 인사부터 할 줄 알아야 한다. 무엇보다 자신이 여기에 속한 사람이라는 것을 알리는 것이 말로 이득을 보는 사람의 가장 기본적인 습관이다.

말싸움을 부르는 진지한 조언

연인 사이인 A 씨와 B 씨는 최근 들어 말싸움이 늘었다. 회사일로 바쁜 A 씨가 좀처럼 개인적인 시간을 낼 수 없자 불평을 하는 일이 잦아진 것이 원인이었다.

A: 일이 바빠서 한가롭게 놀러 다닐 시간이 없어….

B: 요즘 누구나 다 바쁘지, 뭐. 놀러 갈 시간은 없어도 잠 잘 시간이라도 있으니 아직 괜찮은 편이야.

A: 네가 내 기분을 어떻게 알아?

B 씨는 연인인 A 씨가 바쁠 테지만 그래도 일을 조금만 더 열심히 하면 일을 끝마칠 수 있으니 힘내라는 의미에서 한 말이었을 것이다. 하지만 A 씨에게는 B 씨의 말이 마치 자신을 불평만 하는 사람으로 비난하는 것처럼 들린 것이다. 어떻게 하면 이런 오해를 줄일 수 있을까. 만약 B 씨가 뒷말을 잇지 않고 위로하는 듯한 말을 건넸다면 어땠을까.

A: 일이 바빠서 한가롭게 놀러 다닐 시간이 없어…."

B: 요즘 누구나 다 바쁘지, 뭐."

A: 그건 알지만 이렇게 매일 잔업이 이어지니 불평이 나오지 않을 수 없지.

B 씨는 앞서 "아직 괜찮은 편이야."라는 말을 덧붙였다. 그래서 A 씨의 귀에는 "자기는 별로 바쁜 것도 아냐."라고 들렸고 그 때문에 화가 났던 것이다.

의사소통에서 일어나는 대부분의 오해는 이처럼 쓸

데없는 말이 원인이 되는 경우가 많다. 말한 사람의 진심과는 달리 쓸데없는 말은 듣는 사람에게 강한 여운을 남긴다. 그러면 듣는 사람은 말한 사람이 말을 너무 함부로 하는 것이 아니냐는 생각을 하게 된다. 이처럼 하지 않아도 될 말 한마디가 모처럼의 즐거운 분위기를 망치고 두 사람의 관계를 어색하게 만든다면 이것이야말로 손해를 보는 말투다.

A 씨가 바쁘다고 불평할 때 B 씨가 처음부터 요즘 유난히 힘들어 보인다거나 정말 힘들겠다는 식으로 배려하는 말을 건넸다면 대화는 다른 방식으로 전개됐을 것이다. 그랬다면 이후의 대화에서 A 씨는 비슷한 불평을 하면서도 B 씨의 조언을 순순히 받아들였을 것이다.

A: 하긴, 잠잘 시간도 없이 일하고 있는 사람을 생각하면 나는 그래도 나은 편이지. 어쨌든 긍정적으로 생각하고 좀 더 파이팅 해봐야지.

결국 상대방의 가벼운 불평이나 별 뜻 없는 말을 진지하게 부정하는 듯한 말 한마디 때문에 서로 오해를 하게 된 것이다. 만약 자기도 모르게 쓸데없는 말 한마디로 인해 사이가 어색해진 경험이 있다면, 우선 상대방의 말을 부정하는 말을 조금 줄이고 상대방의 사정을 이해한다는 말로 시작해보자.

사소한 안부 인사로 시작하는 인간관계

도시 사람들은 서로 모르는 사람에게는 말을 걸지 않고, 만약 상대방이 말을 걸어오더라도 무시한다는 것을 일반적인 상식처럼 여기는 듯하다. 평범해 보이는 사람이 상상조차 할 수 없는 흉악한 범죄를 일으키는 사건이 잇따르다 보니 그렇게 생각할 만도 하다. 하지만 누가 봐도 난처한 상황에 놓여 있는 사람에게 아무도 관심을 보이지 않는다면 너무 각박한 세상이 아닐까.

한 예로, 한 노인이 도시의 번화가를 걷던 중에 빈혈로 인해 그 자리에 털썩 주저앉아 10분 동안 일어나지를 못했다고 한다. 그동안 수많은 사람들이 길을 오가고 있었지만 누구 하나 괜찮냐고 물어보는 사람이 없었다고 한다. 그는 세상이 너무 각박해졌다고 탄식을 했다. 하지만 어쩌면 그를 지나친 사람들도 쉽게 도와주지 못한 이유가 있을 거라고 생각한다.

> "혹시 이 사람은 앉아서 무언가를 하고 있는 것인지도 몰라."
> "그렇게 심각해 보이지도 않고 나도 바쁘니까 그냥 가자."

이처럼 길에서 어려움에 처한 듯 보이는 사람을 만났을 때 말을 걸어주는 사람이 줄어들수록 상대방의 안부를 묻는 사람의 존재는 더욱 귀하게 느껴진다.

그런 말을 건넬 수 있는 사람은 자신의 상황이 어떠하든, 상대방이 어떤 사람이든 따지기 전에 그 사람이 난처한 상황에 처해 있는지도 모른다는 생각이 앞서 즉각 행동으로 옮기는 사람이다. 그런 사람은 틀림없이 평소에도 배려심이 넘치고 마음이 상냥한 사람일 것이다.

> "요즘 괜찮으세요?"
>
> "괜찮으세요? 오늘 얼굴색이 좀 나빠 보여요."
>
> "피곤해 보이는데 괜찮으세요?"

난처한 상황에 놓인 사람이나 낯선 사람뿐만 아니라 평소에도 주변 사람에게 안부 인사를 건넬 줄 아는 사람은 사람들로부터 잊히거나 외면당하는 일이 없다. 자신을 걱정해주고 신경 써주며 가벼운 말 한마디라도 건네는 사람에게는 누구라도 호감을 느낀다. 그리고 그런 말 한마디를 들으면 누구나 기분이 좋아진다. 사람을 기쁘게 하는 말 한마디는 이처럼 그 말을 들은 사람은 물론이고 말한 사람에게도 이득을 준다.

7장

배려가
오해를 부르는 사람을 위한
말버릇 매뉴얼

자신의 표현이 서투르더라도, 말을 잘하지 못하더라도 상대방을 위로하고자 하는 마음이 깃들어 있으면 상대방에게는 분명히 전달된다. 상대방을 위로하고 싶거나 격려하고 싶다는 생각이 들 때에 중요한 것은 전달해야 할 말이 아니라 그 마음이다.

불편한 대화에 슬기롭게 대처하는 법

회사의 점심시간, A 씨와 B 씨가 함께 갔던 음식점 이야기로 꽃을 피우고 있었다.

> A: 지난번에 갔던 그 음식점 정말 맛있던데.
> B: 응, 생선이 신선해서 좋았어. 전갱이회는 신경이 살아서 꿈틀거렸고 문어 숙회도 쫄깃해서….

이때 옆에 있던 동료 C 씨가 한마디를 던진다.

> C: 나는 생선은 정말 싫던데. 특히 살아 있는 생선회를 먹
> 는 사람은 무슨 생각인지 이해할 수가 없어.
>
> A, B: …

A 씨와 B 씨는 할 말을 잃고 서로 얼굴만 바라본다. 생선을 싫어하는 C 씨의 입장에서 보면 옆에서 계속 생선 이야기를 하니까 거슬렸을 수도 있다. 그래서 비판적으로 반응하기도 했겠지만, 도무지 두 사람에 대한 배려를 하지 않는 것처럼 보인다.

'좋아한다', '재미있다', '즐겁다'는 느낌을 주는 대화의 꽃을 피우고 있는데 옆에서 갑자기 '싫다', '재미없다', '지루하다'는 느낌을 주는 반응을 보인다고 생각해보라. 그러면 마치 자신들을 부정하는 듯한 인상을 받게 돼 대화가 더 이상 이어지지 않는다.

물론, 음식뿐만 아니라 자신이 싫어하는 사람이나 대상을 화제로 삼으면 듣기 거북할 수도 있다. 자신이 불편해하는 이야기라면 화제를 바꾸고 싶을 테지만 상대방이 약

을 올리기 위해 일부러 그런 말을 하는 것은 아닐 테니 기분 나쁘지 않게 달리 표현하는 방법을 찾아야 할 것이다.

> C: 한창 재미있게 이야기하는데 정말 미안. 나는 생선을 싫어해서 듣기만 해도 기분이 거북해져. 구운 생선이라면 또 모르지만 살아 있는 생선회는 좀….

만약 C 씨가 이렇게 말했다면 어떤 결과가 나왔을까.

> A: 아, 미안. C 씨가 생선회를 싫어하는 줄은 몰랐네.
>
> B: 그럼 C 씨는 어떤 음식을 좋아해?
>
> C: 생선회 외에는 다 괜찮아. 최근에는 향신료를 사용한 인도 요리에 빠져 있어.
>
> A: 아, 근처에 좋은 인도 음식점이 있는데 알고 있어? 다음에 그곳에서 같이 점심 먹자.

가상의 상황이지만, C 씨가 자신의 불편함을 사람들이 이해하기 쉽게 이야기해줬다면, 이처럼 대화가 원만하게 전개될 가능성이 높다. 하지만 전후 사정을 설명하지 않고 갑자기 비판적으로 말을 해버리니 함께 식사를 하러 가자는 말은커녕 당분간 말도 걸어오지 않을 것이다. 이처럼 대화의 기술에 따른 결과는 하늘과 땅 차이로 나타난다.

자신이 싫어하는 화제를 무조건 꺼내지 말아달라는 것은 아이 같은 행동이다. 자신이 좋아하는 것을 부정당하면 누구라도 좋은 기분이 들 수 없다는 사실을 알고 있다면 상대가 누구든 무례한 말투를 사용하지 않도록 주의해야 한다.

배려가 부담이 되는 순간에 필요한 대화법

　자신이 스트레스 받고 있다는 상황에만 매몰돼 상대방의 배려에 불평과 불만을 늘어놓는 대처법은 일반적인 대화에서 흔히 발견할 수 있는 패턴이다.

　주말을 맞아 A 씨는 여자 친구 B 씨와 함께 놀러가고자 의사를 물었지만 B 씨는 자기도 모르게 인상을 찌푸렸다. 요즘 회사일로 계속 바빠 겨우 한숨을 돌리게 됐기 때문이다. 겨우 한 주가 끝났다는 안도감을 느낄 뿐 남자 친구처럼 들뜬 기분은 느낄 수 없었던 B 씨는 퉁명스럽게 말했다.

A: 이번 주말에 어디 놀러 갈까?

B: 어디로 놀러 가기는…. 그런 생각이나 할 한가한 여유
는 없어. 한 주 내내 바빠서 완전히 지쳐버렸다고!

A: 그래…? 그럼 집에서 푹 쉬는 게 좋겠다.

B: 내가 무조건 안 간다고 말했어? 지금은 완전히 지쳐서
아무 생각도 할 수 없다는 것뿐이잖아. 우리 과장 정말
문제가 많다니까. 일처리를 제대로 하는 게 하나도 없
어. 그 사람 때문에 일만 늘어나고….

이렇게 대화를 글로 옮겨놓으면 B 씨의 대화 방법이
정말 잘못되었다는 사실을 즉시 이해할 수 있다. 남자 친
구 입장에서는 즐겁게 휴일 계획을 세우고 싶었지만, 여
자 친구의 일방적인 태도에 조금 전까지의 기분이 완전
히 사라지고 말 것이다. 남자 친구가 자신에게 신경을 써
서 하는 말이니 일단 호응하는 식으로 대화를 이어가는
것이 적절한 방법이다.

B: 그래. 일주일 만에 돌아온 휴일이니까 한껏 기지개를 켜고 신나게 즐겨야겠지? 나도 이번 주는 정말 힘들었어.

일단 주말 계획 제안에 호응을 하면서 힘든 사정을 이야기하면 남자 친구가 회사에서 무슨 일이 있었는지 물어볼 것이다. 그때 비로소 회사에서 있었던 일을 꺼내 함께 대화를 하면서 불평을 하면 된다.

만약 이때 회사의 일을 자신에게 늘어놓는 것에 남자 친구가 반감을 가진다면 말다툼으로 번질 수 있을 것이다. 하지만 남자 친구 입장에서도 어느 정도 상대방의 마음을 이해하고 여자 친구 입장에서도 말투를 바꾸는 것만으로도 대화의 전개는 크게 달라진다. 서로가 상대방을 배려한다면 결국 두 사람의 관계도 부드럽게 만들어 준다.

혼자만 알아듣는 전문 용어를 남발하는 사람

일반인이 잘 모르는 분야의 내용을 알기 쉽게 설명해 주는 사람을 보면 머리가 좋은 사람이라는 생각이 든다. 주로 어려운 전문 용어를 들먹이거나 이론을 꺼내지 않고도 누구나 이해할 수 있는 적당한 예를 들어가며 세밀하게 설명해주기 때문이다. 거기에 말투까지 부드럽고 공손하면 궁금했던 점이나 명확하지 않은 부분을 질문하기도 편하다.

보통 컴퓨터 초보자가 전문가에게 질문하면 설명에 전문 용어가 너무 많이 나와 도통 무슨 소리인지 이해할 수 없다는 이야기를 자주 듣는다. 지금 당장 상대방이 원하는 정보보다 근본적인 원리를 이해해야 문제를 해결할 수 있다고 생각하는 사람이 자주 범하는 실수 중 하나다. 또는 자신이 얼마나 많은 지식을 갖고 있는지를 떠벌리고 싶은 사람도 온갖 미사여구와 전문 용어들을 장황하게 늘어놓곤 한다.

물론 하나의 전문 용어를 설명하기 위해 다른 전문 용어를 사용할 수밖에 없을 때가 있다. 또는 질문에 답변하기 위해 그 전제부터 설명해야 하는 경우도 있다. 어느 정도 지식을 갖추고 있는 상대라면 몰라도 그 분야에 관해 전혀 모르는 초보자나 외부인에게 정확하게 설명한다는 것은 쉬운 일이 아니다.

그렇기 때문에 이해하기 쉬운 표현을 사용해 일반인들도 무슨 내용인지 알 수 있게 설명하는 사람을 보면 머리가 좋다고 감탄하게 되고 동시에 배려심도 느끼게 된다.

그런가 하면 일부러 업계에서 사용하는 말이나 전문 용어를 사용하는 것이 아닌지 의심이 들 정도로 자주 사용하는 사람도 있다. 심한 경우에는 자신의 지식을 과시하기 위해 상대방을 무시하고 있는 것은 아닌가 하는 생각까지 들게 해 기분이 나빠질 수 있다.

"xx에서 나온 ○○는 스펙은 쓸 만한데 인테리어 인바이어런먼트interior environment가 약간 부족해. 뭐, 브랜드 필로소피brand philosophy가 오센틱authentic하니까 어쩔 수 없지만 버짓budget도 그렇고… 나는 패스야."

알아듣기 쉬운 말로 설명해도 되는 내용을 이야기하는 데 필요 이상으로 영어를 섞어가면서 말하는 것도 듣는 사람 입장에서는 괴로울 뿐이다. 이런 설명을 하는 사람이 실제로 머리가 좋은지 나쁜지는 제쳐두고 듣는 사람에 대한 배려가 결여되어 있다는 점은 분명하다.

길눈이 어두운 사람에게 길을 설명하는 법

예비 지식이 전혀 없는 사람에게 세밀한 설명을 할 때 그 사람의 성격이나 능력이 나타난다. 한 번도 우리 집을 방문한 적이 없고 길눈도 어두운 사람에게 길을 가르쳐준다고 가정해보자. 모르는 사람에게 길을 가르쳐준다는 것은 흔히 경험할 수 있는 상황이다. 가장 가까운 역부터 자신의 집까지의 길을 어떻게 설명할까.

"그러니까…, 역 앞에 xx라는 편의점이 있지?"

건물이나 간판을 알려주는 것은 친절한 설명에 속한다. 하지만 처음 방문하는 사람에게 갑자기 "있지?"라고 물으면 아직 편의점을 발견하지 못한 상대방 입장에서는 당황할 수밖에 없다. "××가 있지?"라고 물어보는 것 자체가 이미 자기 중심적 설명이다.

> **"역을 나오면 그 앞에 있는 길을 따라 곧장 가서…."**

이것도 이해하기 어려운 설명이다. 그 앞의 길이 어떤 길인지 상대방은 좀처럼 알 수 없다. 특히 역의 출구도 여러 방향으로 나 있으므로 어떤 길을 어디로 곧장 가라는 것인지 전혀 이해할 수 없다.

> **"그리고 큰길을 따라오다가 모퉁이가 나오면 세 갈래 길에서 왼쪽으로 구부러져서…"**

길이 크다, 작다는 것은 주관적인 판단이다. 자동차 한 대가 통과할 수 있는 폭이면 크다고 생각하는 사람도 있고 2차선은 되어야 크다고 생각하는 사람도 있다. 그런 애매한 표현은 듣는 사람을 혼란스럽게 만들 뿐이다.

이처럼 자신이 매일 지나다니는 길이지만 전혀 모르는 사람에게 설명하기가 결코 쉽지 않다는 사실을 실감할 수 있을 것이다.

물론 길을 설명하는 작업은 공간 인지 능력과 관련이 있고 사람마다 방법의 차이가 있다. 길을 잘 설명하는 사람은 머리가 좋고 제대로 설명하지 못하는 사람은 머리가 나쁘다는 식으로 단정 지어 말할 수 없는 분야다. 자동차를 운전할 기회가 많은 사람이라면 다른 사람에게 길을 설명하거나 설명을 듣는 데 익숙하기 때문에 그렇게 어려운 일이 아닐지도 모른다. 즉, 상대방의 입장에서 생각하면 어떤 말과 어떤 말투가 오해를 부르고 불안감을 느끼게 하는지를 상상할 수 있다. 자신이 알고 있는 것은 상대방도 알고 있다고 생각하는 것 자체가 의사소통에서 실수를 저지르게 만드는 함정이라는 점을 기억하자.

대화 주제로 피해야 할 콤플렉스

누구나 고개를 돌려 돌아볼 정도로 스타일이 뛰어난 사람을 보고 부러워하며 자신도 완벽한 외모를 갖기 위해 많은 공을 들이는 사람들이 있다. 하지만 아무리 아름답고 행복해 보이는 사람이라고 해도 콤플렉스가 전혀 없는 사람은 없다.

외모는 누구나 확인할 수 있는 것이므로 대표적인 콤플렉스의 요인이 된다. 그 밖에도 학력이나 직함, 과거의 성장 과정이나 가족 등 콤플렉스의 요인은 사람마다 매우 다양하다. 다른 사람에게 보여주기 싫은 부분은 모두 콤플렉스라고 생각하면 좋을 것이다.

간혹 누구나 콤플렉스가 있기 때문에 지금보다 더 노력하고 성장하는 것이라고 말하는 사람도 있다. 올림픽이나 프로스포츠 세계에서 성공한 사람들 중에는 자신이 높은 자리에 오를 수 있었던 것은 어린 시절에 몸이 약하다는 콤플렉스를 극복하기 위해 노력한 것이라고 공언하는 사람도 적지 않다.

이처럼 콤플렉스를 극복하기 위해 노력해서 성공을 거두는 사람은 분명히 있다. 그러나 그것은 스스로 콤플렉스에 정면으로 맞서 싸운 결과이지, 다른 사람이 지적을 하고 수정해준 결과가 아니다.

그뿐만 아니라 사람의 결점이나 신체적 특징을 일부러 화제로 삼는 사람은 당연히 주변 사람들에게서 호감을 얻지 못한다. 듣는 사람의 입장에서 자신의 신체적 콤플렉스를 언급하는 것처럼 불쾌한 것은 없다. 게다가 다른 사람의 결점을 지적하는 사람들은 대체로 상대방보다 조금이라도 우위를 차지하려는 교활한 마음을 갖고 있는 것이기 때문이다.

뚱뚱하다거나 대머리라는 식으로 눈에 보이는 결점이나 콤플렉스도 지적을 당하면 상처를 입지만, 내면적 콤플렉스는 외면적인 콤플렉스보다 훨씬 더 큰 상처를 입힌다. 하지만 내면적이든 외면적이든 다른 사람과 비교해 차이가 있는 면에 대해서는 다른 누구보다도 심각한 콤플렉스일 가능성이 있으니 주의해야 한다.

상대방이 무엇을 싫어하는지는 대화를 할 때 그 사람의 표정을 통해 어느 정도 읽을 수 있다. 사람의 마음을 잘 읽을 수 있는 사람이라면 얼굴색이나 시선을 살펴보고 대화를 더 이어가는 것이 좋을지 나쁠지를 판단 내릴 수 있을 것이다. 이처럼 상대방의 말뿐 아니라 표정이나 몸짓을 통해서도 상대방의 기분을 읽을 수 있는 사람이어야 주변으로부터 신뢰를 얻고 존경을 받을 수 있다.

우울해하는 친구에게는 말보다 마음이 중요하다

　직장 동료가 큰 실수를 해서 관리자로부터 핀잔을 듣고는 침울해하고 있다면 어떻게 할 것인가. 어떻게든 위로를 해주고 싶은데 그렇게 간단한 문제가 아닌 듯하다.

"별것 아니니 그냥 대수롭지 않게 넘겨."

　동료의 상황을 제대로 들어보기도 전에 이렇게 위로부터 한다면 너무 안일한 대처라는 느낌이 든다. 게다가 겉으로만 동정하는 듯한 인상을 줄까 봐 우려된다.

> **"그깟 실수로 그렇게 화를 내다니 과장님도 너무하다."**

덮어 놓고 동료의 편을 들어주는 것도 왠지 성의가 없는 느낌이다. 직장 내에서 큰 실수를 했다는 것은 분명한 사실이므로 관리자의 질책을 듣는 것은 어쩔 수 없는 상황임을 고려해야 한다.

기운을 내라고 단순하게 위로하는 것도 성의 없이 건성으로 한마디 던지는 느낌이 든다. 신경 쓰지 말라는 말도 자신의 일이 아니니 예의상 던지는 듯한 인상을 줘 주저하게 된다.

실제로 침울해 있는 상대방에게 어떤 말로 위로를 해야 하는가 하는 매뉴얼은 존재하지 않는다. 나쁜 짓을 저질렀을 때에는 미안하다는 사과의 말이 있지만 누군가를 위로하려 할 때 건네는 말로서 적절한 말은 딱히 정해진 것이 없다.

결국, 상대방이 침울해하는 원인이나 사태의 심각한 정도, 상대방과 자신과의 관계 등을 고려해 적절한 위로의 말을 그때마다 찾는 수밖에 없다. 상대방의 성격에 따라서도 말투를 바꿔야 한다. 만약 자존심이 높고 책임감이 강하고 질책을 당한 것 이상으로 자신의 실수를 용서하지 못하는 타입이라면 일부러 밝은 목소리로 위로를 하는 방법도 있다.

> **"뭐야, 이런 실수를 하다니. ○○ 씨답지 않은데."**

이것은 상대방의 자존심을 존중하면서 큰 실수는 아니라는 의미를 돌려서 표현하는 방법이다. 단, 평소 상대방이 어떤 성향의 사람인지를 잘 파악해야 한다. 자존심이 강한 사람인 경우 괜한 위로가 오히려 역효과를 일으킬 수 있기 때문이다. 만약 상대방이 실수에 대해 언급하지 않기를 바라는 사람이라면 기분 전환을 유도하는 제안을 하는 것도 좋은 방법이다.

"마음에 드는 술집을 하나 찾았는데 이따가 일 끝나면 한 잔 하러 갈까?"

만약 불평을 하고 싶다면 그 자리에서 자신이 모두 들어주겠다는 의미도 포함된다.

보통 사람들은 침울한 상황에 빠지면 고독감을 느낀다. 그러면서 자신을 부정하고 주변 사람을 부정하고 세상을 부정하기도 한다.

"왜 나만 이런 상황에 놓여야 되지?"
"나는 왜 이럴까. 나 같은 건 없어도 아무도 신경 쓰지 않을 거야."
"이제 아무도 믿을 수 없어."

이런 기분에 잠겨 있기 때문에 더욱 고독감을 강하게

느끼는 것이다. 따라서 사람을 위로할 때에는 그 사람이 느끼는 고독감부터 치유해주는 것이 중요하다.

> "적어도 나는 당신 편이야. 내가 옆에 있잖아."
>
> "당신은 소중한 사람이야. 그건 내가 알고 있어."
>
> "내게 있어서 당신은 정말 중요한 사람이야."

이런 메시지를 전달할 수 있도록 말을 거는 것이 최고의 위로 방법이다. 설사 자신의 표현이 서투르더라도, 말을 잘하지 못하더라도 상대방을 위로하고자 하는 마음이 깃들어 있으면 상대방에게는 분명히 전달된다. 상대방을 위로하고 싶거나 격려하고 싶다는 생각이 들 때에 중요한 것은 전달해야 할 말이 아니라 그 마음이다.

상대방을 배려하며 듣는 사람의 올바른 태도

위로를 하는 입장에서 위로를 받는 입장이 돼보면 자신이 침울한 상황에 놓여 있을 때 누군가로부터 위로를 받고 싶은 생각이 들기도 할 것이다. 대부분 자신을 조용히 내버려두기를 바란다. 그럼 굳이 침울해 있는 상대방에게 위로를 할 것이 아니라 가만히 내버려두는 것이 올바른 대처 방법인 것처럼 느껴질 수도 있다. 하지만 그것은 단편적인 생각이다.

만약 상대방이 정말로 걱정될 때에는 가만히 내버려두는 것보다 무엇이든 상관없으니 말을 건네는 것이 옳다. 말을 건넨다는 행위 자체 덕분에 상대방이 마음을 다시 고쳐 잡고 일어설 수 있는 계기를 제공하는 경우가 많기 때문이다. 그럼에도 불구하고 지금은 가만히 내버려 두는 게 좋을 것 같다는 생각이 든다면 말보다는 위로하는 마음을 태도로 보여주는 쪽이 좋다.

영화나 드라마를 보면 큰 실수를 저지르거나 실연을 당해 침울한 친구에게 동료들이 아무 말 없이 어깨를 가볍게 두드려주고 지나가는 장면이 종종 등장한다. 어깨를 두드리는 것처럼 아무것도 아닌 동작 안에는 지금은 가만히 내버려둔다거나 주변에 친구들이 있으니 걱정하지 말라는 이중의 메시지가 들어 있어 상대방도 간접적으로 느낄 수 있다.

또한 상대방의 침울한 모습을 보고 있으면 자신의 기분까지 너무 가라앉아 어떤 말도 건네기 어려울 때가 있다. 그럴 때 무리해서 말을 걸려고 하면 오히려 자신이 정말로 하고 싶은 말과는 동떨어진 말이 나올 수도 있다. 따라서 말이 쉽게 나오지 않는 상황에서는 굳이 무리해 말을 걸지 말아야 한다.

말을 건네기 어려울 때에는 몸짓이나 태도로 표현하는 것이 바람직하다. 그것만으로도 자신의 생각이 충분히 전달되고 상대방 역시 의욕을 되찾는 계기를 얻을 수 있다. 자신의 생각을 전달하는 데에는 말처럼 중요한 것이 없다고 여길 수도 있지만, 그와 동시에 오로지 말만이 자신의 생각을 상대방에게 전달하는 것은 아니라고 여길 수도 있다.

간혹 우리는 다른 사람과 이야기하는 동안 자기도 모르게 화가 나서 결코 해서는 안 될 말을 해버리는 경우가 있다. 또 냉정하게 이야기를 나누고 있을 때에도 어떤 계기에 의해 불필요한 말을 던지고 나중에 후회하는 경우가 있다. 심지어 자신의 실수에 화가 나 자기혐오에 빠지는 경우도 있다.

결국 화술의 모든 기술들은 듣는 사람의 입장에서 어떻게 생각해야 좋은가를 따져보는 것이다.

> "아, 그런 말을 하다니. 정말 모욕적이야. 화가 나서 견딜 수가 없어."
> "아, 그런 말을 듣다니. 나는 역시 쓸모없는 인간이야."

상대방이 이런 기분을 느끼고 자신을 원망하거나 완전히 자신감을 잃어버리게 된다면 대화의 올바른 방향을 제대로 파악하지 못하고 있는 것이다. 반드시 자신이 건넨 말을 상대방이 어떻게 받아들일지를 염두에 둬야 한다.

> "나도 혹시 상대방에게 해서는 안 될 말을 한 것은 아닐까?"
> "결코 나쁜 뜻이 있어서 한 말은 아닐 거야. 그래, 이건 서로 마찬가지야. 그 사람도 지금쯤 후회하고 있을 거야."

어떤 대화에서든 듣는 사람의 입장을 고려하고 자신의 말이 상대방에게 상처를 주지 않는지를 따져야 할 것이다. 만약 서로의 관계가 불편해지거나 멀어졌다면 원래의 관계를 회복하기 위해 노력하는 것이 올바른 처신이다. 바로 그런 마음을 담은 말을 할 줄 아는 사람이 결과적으로 이득을 보는 사람이다.

사소하지만 강력한
말의 기술

초판 인쇄 2021년 10월 22일
초판 발행 2021년 10월 29일

지은이 | 시부야 쇼조
옮긴이 | 이정환
펴낸이 | 한순 이희섭
펴낸곳 | (주)도서출판 나무생각
편집 | 양미애 백모란
책임편집 | 김승규
디자인 | 박민선
마케팅 | 이재석
출판등록 | 1999년 8월 19일 제1999-000112호
주소 | 서울특별시 마포구 월드컵로 70-4(서교동) 1F
전화 | 02)334-3339, 3308, 3361
팩스 | 02)334-3318
이메일 | tree3339@hanmail.net
홈페이지 | www.namubook.co.kr
블로그 | blog.naver.com/tree3339

ISBN 979-11-6218-172-0 03190